やさしい Rust入門

日向俊二●著

カットシステム

はじめに

　Rust（ラスト）は、速さ、並行性、安全性という面でとても優れた、比較的新しいオープンソースのプログラミング言語です。これまでに作られて使われてきたプログラミング言語は、主なものだけでも多数ありますが、Rustはそれらのプログラミング言語の優れた点を採用し、問題点を排除して作成されました。そのため、さまざまな面で他のプログラミング言語よりも優れているうえに、従来のプログラミング言語にあった多くの問題が解決されています。

　言語としてのRustは、特にC言語やC++に代わるプログラミング言語として期待されており、また、さまざまなプラットフォームに対応しています。そのため、さまざまなプログラム開発に適しているだけでなく、本格的なプログラミング教育分野での活用も進むことでしょう。

　本書はRustの最も基本的なことから、Rustを実践的に応用するために必要なことまでをやさしく学べる入門書です。Rustには現代の実用的なプログラミング言語に必要なやや高度な概念も含まれていますが、それらについても簡潔なサンプルプログラムを使って丁寧に解説します。

　本書はやさしい入門書です。本書を読み進めるためにプログラミングの知識は必要ありません。しかし、ファイルやディレクトリ（フォルダ）の意味と扱い方、テキストファイルの編集の仕方などの基本的な操作は知っている必要があります。また、なんらかの他のプログラミング言語をマスターしていれば、本書で学ぶことで短時間でRustを活用できるようになるでしょう。

　本書を活用にしてRustを楽しみながらマスターしてください。

2020年 秋
著者しるす

本書の表記

abc 斜体で示された文字列は、他の具体的な文字列や数値が入ることを表します。

[〜] 書式の記述において角カッコで囲まれている部分は、その項目が省略可能であることを示します。

> OS のコマンドプロンプトを表します。一部、Linux などの Unix 系 OS のプロンプトであることを明示する場合には「$」を使います。

補足説明や知っておくと良い事柄です。

ご注意

● 本書の内容は本書執筆時の状態で記述しています。本書のプログラムは執筆時点で最新の Rust バージョン 1.46.0 で作成し動作を確認しています。将来、Rust のバージョンが変わるなど、何らかの理由で記述と実際とが異なる結果となる可能性があります。

● 本書は Rust や Rust で使うことができる要素についてすべて完全に解説するものではありません。必要に応じて Rust のドキュメントなどを参照してください。

● 本書のサンプルプログラムは、プログラミングを理解するために掲載するものです。実用的なアプリとして提供するものではありませんので、ユーザーの操作ミスによるエラーへの対処やその他の面で省略してあるところがあります。

● 掲載しているプログラムコードの断片は、そのままでは実行できません。コードを実行するときには本書の内容をよく読んで理解してから実行してください。

本書に関するお問い合わせについて

本書に関するお問い合わせは、sales@cutt.co.jp にメールでご連絡ください。

なお、お問い合わせは本書に記述されている範囲に限らせていただきます。特定の環境や特定の目的に対するお問い合わせなどにはお答えできませんので、あらかじめご了承ください。

また、お問い合わせの際には下記事項を明記してください。

氏名

連絡先メールアドレス

書名

記載ページ

問い合わせ内容

実行環境

目 次

第3章　コンソール入出力……57

第4章　実行制御……75

第5章　複雑なデータ型……93

付　録 ……**239**

第 **1** 章

Rust の概要

ここでは Rust を概観したあとで、単純なプログラムを
作成して実行してみます。

1.1　Rust について

最初に、Rust がどのようなものであるのか知ることにしましょう。

◆ Rust とは ....◆

Rust はプログラミング言語です。プログラミング言語は、文字通りプログラムを作る（書く、組むともいう）ときに使う言葉です。

Rust の他のプログラミング言語には、たとえば C 言語、C++、Java、C#、JavaScript、Go 言語などさまざまなものがありますが、他のプログラミング言語と Rust はさまざまな面で異なります。Rust の優れた点は、次の「Rust の特徴」で説明します。

プログラミング言語はその種類によって、得意な分野や主に使われる用途が異なります。たとえば、いわゆるホームページを作成するのに特に適していたり、いわゆるオフィスアプリを操作するのに適していたり、インターネットのサーバーで稼働するプログラムを開発するのに適しているなど、主要な用途はプログラミング言語によってさまざまです。

Rust は、Windows や Linux のような OS（オペレーティングシステム）、コンパイラ（人間が読めるプログラムをコンピュータが実行できるコードに変換するプログラム）、組み込みプログラム（装置や機械に組み込まれているプログラム）、ウェブサイトのバックエンドとして機能するプログラム、さまざまな情報を扱うツールなどを作成するのに特に適したプログラミング言語です。また、一般のユーザーが使う Windows や Linux などの PC や携帯端末のアプリなども開発することができます。

◆ Rust の特徴 ....◆

Rust には次のような特徴があります。

◆モダンな言語

Rust は最近作られたプログラミング言語です。これまでに作られて使われてきたプログラミング言語は、主なものだけでも多数ありますが、Rust はそれら従来のプログラミ

ング言語の優れた点を採用し、問題点を排除して作成されました。そのため、さまざまな面で特定の他のプログラミング言語よりも優れているうえに、プログラミングで遭遇する可能性がある多くの問題がプログラミング言語レベルで解決されています。

◆高速

Rust には作成したプログラムの実行速度が極めて速いという特徴があります。これには、あとで説明するコンパイラ言語であることや、ガーベジコレクションと呼ぶ使わなくなったメモリを整理する部分がないことなど、さまざまな理由があります。

C 言語や C++ など、高速な言語は他にもありますが、高速なだけではなく、安全で生産性が高いという点で、Rust は他を凌駕しているといって良いでしょう。

◆安全

Rust は C 言語や C++ に比べて安全性の極めて高いプログラミング言語です。C 言語や C++ では、メモリを確保していない状態で値を保存したり、解放したメモリ領域に値を保存しようとしたり、メモリの本来はアクセスしてはならない場所にアクセスしたりすることが可能です。そのため、予期しない動作になったり、保護されるべき情報があらわになったりすることがあります。Rust ではそのようなメモリアクセスは原則としてできないので安全です。また、C 言語や C++ では使い終わったメモリを解放し忘れてメモリ不足になることがありますが、Rust ではプログラマがメモリの解放をする必要はなく、使わないメモリ領域は自動的に解放されます。

◆ C 言語・C++ を継承する言語

C 言語は比較的歴史があり、言語仕様がシンプルなので、昔から現在に至るまで実践的にも教育現場でも幅広く使われています。C++ はもともとは C 言語をオブジェクト指向プログラミングに対応できるように拡張して作られた言語で、より複雑なプログラムの開発に使われます。

Rust は C 言語や C++ と比べて安全で生産性が高いために、それらに代わる言語として使われることが期待されています。

また、C 言語は初歩のプログラミング教育分野でも幅広く使われてきましたが、Rust もそのシンプルさゆえに、初歩から本格的なプログラミング教育分野まで、幅広く活用が進むことでしょう。

◆多くのプラットフォームに対応

　Rust は、Windows、Linux、macOS など、さまざまなプラットフォームに対応しています。また、Android や iOS などで実行できるプログラムも開発することができます（開発は Windows や Unix 系 OS の PC で行い、コンパイラをクロスコンパイラとして動作させてターゲットプラットフォームのファイルを生成するのが普通です）。

　1 つのソースプログラムでさまざまな環境に対応できるという点では Java に似ていますが、Rust のプログラムの実行時の速さは Java の数倍の速さです。

◆コンパイラ言語

　コンパイラは、ソースコードと呼ぶ人間が読めるプログラムを、コンピュータが実行できるコードに変換するプログラムです。Rust はコンパイラを使うことを前提に作られています。

　一方、プログラムの実行時にプログラムコードを 1 行ずつ解釈してコンピュータが実行できるコードに変換するプログラムをインタープリタといい、それを使ってプログラムを実行する言語をインタープリタ言語といいます。Python や JavaScript などはインタープリタ言語で、手軽に使える半面、実行時の速度が遅い、実行してみて初めてプログラムの問題点（バグ）がわかるなどという欠点があります。

　Rust はコンパイラを使うコンパイラ言語なので、実行速度が早く、またコンパイル時に多くの問題を検出することができます。特に、Rust のコンパイラのエラーチェックはとても丁寧です。そのため、単に文法的な誤りを報告するだけでなく、論理的な間違いに気付くきっかけとなる問題さえ指摘されることがあります。さらに、間違いを修正するための候補を提案してくれることもあります。そのため、デバッグ（プログラムの誤りを直すこと）に余計な時間を費やすことが少なくなります。

◆多数の Rust ライブラリを利用可能

　公開されているさまざまな Rust のライブラリ（クレートともいう）を利用することができます。それらを利用することで、たとえば、ウェブアプリや GUI アプリなど、さまざまな種類のプログラムを作成することができます。

◆優れた開発ツール群

　プロジェクトの生成やビルド、必要なクレートのダウンロードなどを容易に行うこと

ができる cargo というツールに、開発に必要なさまざまな機能が統合されています。また、ソースプログラムの整形を行う rustfmt や、Rust をインストールしたりアップデートする rustup など、使いやすいツールが Rust には揃っています。

◆ C 言語のライブラリを利用可能

C 言語のライブラリを利用することができます。C 言語は比較的歴史のあるプログラミング言語でこれまでにたくさんのプログラムが書かれてきました。その膨大なプログラミング資産を Rust で活用することができます。また、いくつかの他のプログラミング言語のプログラムとも連携するためのクレートがあります。

◆ Unicode 対応

Rust ではソースコードに Unicode 文字を使うので、日本語を含めた世界中のさまざまな文字を自由に使うことができます。ソースコードのファイルの文字エンコーディングは UTF-8 ですが、これは現代の事実上の標準になっていて、さまざまな環境で利用することができます。

◆ Rust のプログラムの例

次に示すプログラムは、Rust で作成したテキストファイルの内容を表示するプログラムの例です。その詳細はあとの章で説明しますので、内容は気にしないで全体を眺めてみてください。

dispfile.rs

```rust
// dispfile.rs
use std::env;
use std::io::BufReader;
use std::io::prelude::*;
use std::fs::File;

fn main() -> std::io::Result<()> {
    let argv: Vec<String> = env::args().collect(); // コマンドライン引数
    if argv.len() < 2 {
        println!("引数にファイル名を指定してください。");
```

```
        std::process::exit(1);
    }

    let f = File::open(&argv[1])?;
    let reader = BufReader::new(f);

    for line in reader.lines() {
        println!("{}", line?);
    }
    Ok(())
}
```

　このプログラムは、あとで説明するコンパイル（ビルド）という作業を行うと、テキストファイルの内容の表示に使うことができます。たとえば、このプログラムの名前がdispfileで、内容を表示したいファイル名がsample.txtだとすると、次のように実行するとファイルの内容が表示されます。

```
>dispfile sample.txt
```

　注目したい点は、この短いプログラムで、たとえば引数を指定しなかった場合や指定したファイルが存在しなかったときにエラーを報告するといったような、このプログラムがツールとして役立つために必要な機能もこの短いプログラムの中に備わっているという点です。もし他のプログラミング言語で同じ機能のプログラムを作るとしたら、ユーザーの操作ミスやファイルシステムの問題に対する処理を追加するだけでこの倍以上の長さのプログラムコードになってしまうでしょう。

　また、他のプログラミング言語であれば、バッファのオーバーフローと呼ばれるような安全に関する重大な問題が発生することがありますが、このプログラムにはそうした問題は隠れていません。

1.2　はじめての Rust

ここでは Rust の単純なプログラムを作成して実行してみながら、Rust の概要を学びます。

ここで紹介する Rust の構成要素については後の章で詳しく説明するので、この章では詳細はありのままに受け入れて、Rust でプログラムを作って実行するための作業の流れに焦点を当ててください。

伝統的に、プログラミング言語を学ぶときの最初の課題は、「Hello, world!」と表示するプログラムを作ることでした。ここでは Rust で「Hello, world!」と表示するプログラムを作って実行する方法を説明します。

◆ はじめてのプログラム

Rust で「Hello, world!」と表示するプログラムを作る方法はいくつか考えられますが、ここでは 1 行の文字列を出力する Rust の命令である println!() と呼ぶものを使って作ることにします（厳密には、println!() はマクロといいます）。

次のソースプログラム（ソースリスト）をテキストエディタなどで入力してください。

hello.rs

```
// hello.rs

fn main() {
    println!("Hello, world!");
}
```

Note　Rust のプログラミングを支援するさまざまなエディタやツールがあります。たとえば、Windows 環境では Visual Studio Code が使いやすいでしょう。Linux など Unix 系 OS では、ほとんどのシステムにインストールされている gedit を使うことができます。さらに、atom、eclipse、emacs などさまざまな高機能エディタを利用することができます。

　そして、hello.rs という名前でファイルに保存します（各行の意味はあとで説明します）。この入力したプログラムを**ソースプログラム**と呼び、ディスクなどに保存したものを**ソースファイル**または**ソースプログラムファイル**といいます。

Note　プログラムは UTF-8 という文字コード（エンコーディング）で保存してください。Windows のメモ帳や Unix 系 OS で gedit などを使うときには、ファイルにプログラムを保存する際に文字コードとして必ず UTF-8 を選択してください。

◆ プログラムのビルドと実行

　このプログラムを実行するためには、ソースプログラムのファイル hello.rs に対して、コンパイラと呼ぶものを使って**ビルド**（コンパイルともいう）という作業を行って実行可能ファイルを作成する必要があります。

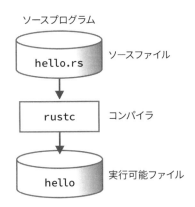

ソースプログラム

hello.rs　ソースファイル

rustc　コンパイラ

hello　実行可能ファイル

図1.1●ビルド（コンパイル）

　そのためには、このファイルを保存したディレクトリで次のコマンドを実行します。

```
>rustc [ソースファイル名]
```

　Windows でソースファイルを C:¥Rust¥ch01¥hello に保存したときの例を次に示します。

```
C:¥user>cd ¥Rust¥ch01¥hello
C:¥Rust¥ch01¥hello>rustc hello.rs
```

これで Windows の実行可能ファイル hello.exe が生成されます。

 Windows ではこの他に hello.pdb というファイルも生成されます。これは高度なデバッグを行うときに使うファイルなので、この時点では気にしなくてかまいません。

hello.exe を実行するためには単に「hello」と入力します。

```
C:¥Rust¥ch01¥hello>hello
Hello, world!
```

ここで出力された「Hello, world!」がこのプログラムの実行結果です。

Linux の場合も同様にします。ファイルを ~/Rust/ch01/hello に保存したときの例を次に示します（「~/」はユーザーのホームディレクトリを表します）。

```
$ cd ~/Rust/ch01/hello
$ rustc Hello.rs
```

これで実行可能ファイル hello が生成されます。このファイルを実行するには単に「./hello」と入力します（「./」はカレントディレクトリ（現在のディレクトリ）を表します）。

```
$ ./hello
Hello, world!
```

ここで出力された「Hello, world!」がこのプログラムの実行結果です。

1.3　hello プログラムの意味

ここでは hello プログラムの各行を詳しく説明します。

◆ プログラムの解説

先ほど入力したプログラムをもう一度見てみましょう。

hello.rs

```
// hello.rs

fn main() {
    println!("Hello, world!");
}
```

　1 行目の「//」から行末まではコメント（注釈）として扱われます。コメントはプログラムの実行に影響を与えません。この形式のコメントを**行コメント**と呼びます。この例ではプログラムファイル名をコメントにしていますが、他の情報を記述することも良くあります。（コメントからドキュメントを生成するツール rustdoc もありますが、その場合は rustdoc の決まりに従ってコメントを書きます）。

　また、「/*」から始まって「*/」で終わる記述もコメントとして扱われます。この形式のコメントを**ブロックコメント**と呼びます。ブロックコメント内では改行ができるので、次のように複数行にわたるコメントを記述することができます。

```
/*
 * hello.rs
 */
```

もちろん、次のように 1 行で書いてもかまいません。

```
/* hello.rs */
```

　ブロックコメントは、デバッグの際にコードの一部分を無効にしたいようなときに一時的に使うこともできます。

Note　行コメントの特別な形で、rustdoc というツールでドキュメントを生成するときに使う「///」や「//!」で始まるものもあります。

　続く「fn main() {」は、これが main という名前の関数であることを表しています。Rust のプログラムは、main という名前の関数にある最初の文から実行される決まりになっています。この行の最後の「{」は main という名前の関数のブロックの最初であることを表しています。

Note　**関数**（function）とは、何らかの機能を持っていて、それを使う（**呼び出す**という）と何らかの作用をするものです。main という名前の関数は、このプログラムの本質的な機能を備えます（関数については☞第 6 章「関数とマクロ」）。

　4 行目の「println!("Hello, world!")」は実際に実行される唯一の文で、println!() というマクロと呼ぶものを使って「Hello, world!」という文字列を出力して改行するための命令です。

Note　このプログラムの "Hello, world!" のように、プログラムの中に直接書き込んだ値を**リテラル**といいます（文字列も 1 つの値です）。この場合、文字列のリテラルなので、文字列リテラルといいます。「3 + 5」のように式に数値を使った場合には、この 3 や 5 を数値リテラルといいます。

　「println!("Hello, world!")」という行の前のほうの空白は、行を右にずらして表現することでこの文が { ～ } で囲まれたブロックの内部にあることを見やすくするた

めのものです。

```
fn main() {
    println!("Hello, world!");   // この行はインデントしている（右にずらしている）
}
```

このように、空白を入れて行を右にずらして見やすくすることを**インデント**といいます。インデントもプログラムの実行には影響を与えません。そのため、次のように書いても間違いではありません。

```
fn main() {
println!("Hello, world!")
}
```

しかし、目で見てわかりにくいので、ブロックの内側のコードはインデントするべきです。

println!() は、関数ではなく、マクロと呼ぶものです。この段階では何らかの機能を備えた呼び出して使うことができるものという意味で関数と同じようにとらえてもかまいません（マクロについては☞第6章「関数とマクロ」）。

最後の行の「}」は、「fn main() {」という行の行末にあった「{」に対応するもので、この場合は main という名前の関数のブロックの最後であることを表しています。

本書ではインデントの幅は空白4個のスペースにしています。

1.4 プロジェクトとビルド

プログラムはプロジェクトと呼ぶ単位で管理することがよくあります。

◆ プロジェクト

1.2節「はじめての Rust」では、hello.rs を rustc を使ってコンパイルしました。このような小さなプログラムの場合はそれで何ら問題ないのですが、より大規模なプログラムを作成するときには、関連するファイルをすべてまとめて**プロジェクト**と呼ぶ単位で扱うと便利な場合があります（Rust の用語ではクレートと呼びますが、クレートという用語はより広い意味で使われることがあります）。

プロジェクト（クレート）を作成するには、作成したいフォルダで、cargo new を実行します。たとえば、helloprj という名前のプロジェクトを作るには次のようにします。

```
C:\Rust>cd ch01

C:\Rust\ch01>cargo new helloprj --bin
    Created binary (application) `helloprj` package
```

Note cargo コマンドを実行するとき、必要なファイルが古いバージョンである場合は、自動的にダウンロードされて更新されます。

これで、カレントディレクトリ（この例では C:\Rust\ch01>）の下に、helloprj という名前のフォルダ（サブディレクトリ）が作成されて、さらにその下のフォルダの中に作成したプロジェクトに必要なファイルが生成されます。このとき、サブディレクトリ helloprj の内容は次のようになっています。

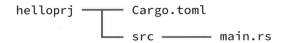

図1.2●プロジェクトの中のディレクトリとファイル

　Cargo.toml は、このプロジェクトの設定ファイルです（ファイルの内容はこの段階では気にしなくてかまいません）。

　ソースプログラムファイルは src フォルダに保存します。cargo new を実行すると cargo が main.rs という名前のファイルを自動的に生成するので、この章で示すような単純なプログラムであれば main.rs にプログラムコードを次のように記述します。

```
main.rs

// main.rs
fn main() {
    println!("Hello, world!");
}
```

 Windows の場合、.gitignore というファイルも生成されますが、これは Git というプログラムのソースコードなどの変更履歴を記録して追跡するためのバージョン管理システムに関連したファイルです。この段階では気にしなくてかまいません。

◆ ビルド

　プロジェクトをビルド（コンパイル）するには、作成したプロジェクトのフォルダへ移動し、cargo build を実行します。

　Windows では、たとえば次のようにします。

```
C:¥Rust¥ch01¥helloprj>cargo build
    Compiling helloprj v0.1.0 (C:¥Rust¥ch01¥helloprj)
    Finished dev [unoptimized + debuginfo] target(s) in 2.13s
```

```
C:¥Rust¥ch01¥helloprj>
```

Linux など Unix 系 OS なら、たとえば次のようにします。

```
~/Rust/ch01/helloprj $ cargo build
   Compiling helloprj v0.1.0 (file:///Users/xxx/helloprj)
    Finished dev [unoptimized + debuginfo] target(s) in 1.45 secs
```

　ビルドが成功すると、target フォルダが作成され、その中にさらに debug フォルダ
が作成されてプロジェクト名の実行可能ファイルが作成されます。このようにして作成
されたファイルはデバッグのために使うことができる実行可能ファイルです。

Note　Windows の場合は実行可能ファイルは helloprj.exe のように最後にピリオドと拡張子
exe が付けられます。Linux など Unix 系 OS の場合は helloprj のようにプロジェクトと同
じ名前になります。実行可能ファイル以外にもファイルが生成されますが、この段階では気に
する必要はありません。

◆ リリースビルド

　最適化されたリリース用のビルドを行う場合は、--release オプションを付けて
cargo build を実行します。
　Windows では、たとえば次のようにします。

```
C:¥Rust¥ch01¥helloprj>cargo build --release
   Compiling helloprj v0.1.0 (C:¥Rust¥ch01¥helloprj)
    Finished release [optimized] target(s) in 0.81s

C:¥Rust¥ch01¥helloprj>
```

Linux など Unix 系 OS なら、たとえば次のようにします。

```
~/Rust/ch01/helloprj $ cargo build --release
   Compiling helloprj v0.1.0 (file:///Users/xxx/helloprj)
    Finished release [optimized] target(s) in 0.21 secs
```

　ビルドが成功すると、target フォルダの中に release フォルダが作成されてプロジェクト名の実行可能ファイルが作成されます。

　このようにして作成されたファイルは最適化された実行可能ファイルです。

　リリースビルドで生成されるファイルは、デバッグに関連する情報が含まれず最適化されているので、デバッグバージョンの実行ファイルよりはるかに高速です。

◆ ビルド実行コマンド

　プロジェクトに保存したソースファイルをビルド（コンパイル）してその場で実行するためのコマンドとして、cargo run コマンドがあります。

　Windows でビルドして即実行するときには次のようにします。

```
C:¥Rust¥ch01¥helloprj>cargo run
   Compiling helloprj v0.1.0 (C:¥Rust¥ch01¥helloprj)
    Finished dev [unoptimized + debuginfo] target(s) in 2.41s
     Running `target¥debug¥helloprj.exe`
Hello, world!

C:¥Rust¥ch01¥helloprj>
```

　Linux など Unix 系 OS でビルドして即実行するときには次のようにします。

```
~/Rust/ch01/helloprj $ cargo run
    Finished dev [unoptimized + debuginfo] target(s) in 0.81 secs
     Running `target/debug/helloprj`
Hello, world!
```

このcargo runコマンドでプログラムを実行した場合にも、実行可能ファイル（この場合はhello.exeやhello）が作成されます。

Note　cargo cleanを実行すると、target以下のファイルが削除されます。プロジェクト全体を再ビルドしたい場合やソースファイルだけを配布したい場合などに使うことができます。

◆ Playground

ウェブブラウザの中でRustのプログラムを実行することができる、「Rust Playground」というウェブサイトがあります。

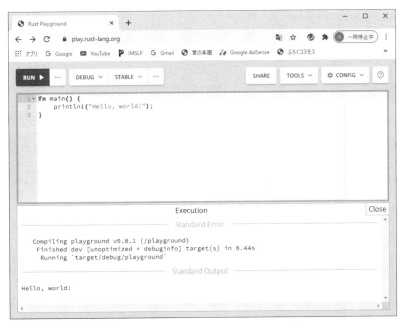

図1.3●Rust Playground（https://play.rust-lang.org/）

このサイトにアクセスすると、ブラウザ上でRustのプログラムを編集したり実行してみることができます。

プログラムを実行するには、上部のウィンドウにプログラムコードを入力して［Run］ボタンをクリックします。

　ただし、ユーザーインタフェースやセキュリティー上の理由などから、いくつかの機能が制限されています。また、Rust Playground はサーバーでプログラムを実行してプログラムが終了するとその結果を出力してブラウザに表示するので、たとえばプログラムの実行時の途中経過を見たい場合や、プログラムの途中でスリープして待つようなプログラムを実行しても期待したように表示されません。

　とはいえ、ちょっとした実験を行ってみるには十分ですし、いちいちプロジェクトを作成したりビルド（コンパイル）しなくても良いというメリットもあります。

> 実行に時間がかかるプログラム、コンソール入力やファイル／ネットワークに関連するプログラム、複数のソースファイルを使うプログラム、標準以外のクレートを使うプログラムなどは Rust Playground では実行できません。

■ 練習問題 ■

1.1　Rustをインストールしてコンパイラ rustc のバージョン情報を表示してください。バージョン情報を表示するときには rustc -V を実行します。

1.2　hello プログラムを入力して実行してください。

1.3　「私の氏名は○○です。」と表示するプログラムを作ってください（○○にはあなたの名前を入れます）。

第 2 章

基本的な要素

この章では、Rust の最も基本的な要素について解説します。

2.1　名前と式

変数や定数、関数や構造体など、名前を付けて識別するものには名前を付けます。名前にキーワードを使うことはできません。

◆ 名前 ────────────────────────────◆

変数や定数、関数や構造体などを識別するための名前の文字には、通常は英字の小文字（a ～ z）、数の文字（0 ～ 9）とアンダースコア記号（_）を使います。

名前の先頭は英小文字または「_」にして、2 文字目以降に英小文字、数字、「_」を使います。名前の先頭に数字を使うことはできません。

変数名に英小文字だけを使った例を次に示します。

```
fn main() {
    let age = 10;                // ageという名前の変数を宣言して10にする
    println!("age={}", age);     // ageという名前の変数の値を使う
}
```

Note 「let age = 10;」は age という変数に 10 をセットする（バインドする）ことを表します。変数の定義についてはあとで説明します。「println!("age={}", age);」は変数 age の値を出力します。{} は、そこに後に続く引数の値が出力されることを意味します。この場合、変数 age の値が {} の部分に表示されます（入出力については☞第 3 章「コンソール入出力」）。

変数名に英小文字と数字および「_」を使った例を次に示します。

```
fn main() {
    let dog1_age = 10;
    println!("dog1_age={}", dog1_age);
}
```

　変数名の先頭に「_」を付けたり、「_」だけの名前は、**使わない変数**であることを表します。言い換えると、宣言しただけで、プログラムの中で参照しない場合は名前の先頭を「_」にします。

```
fn main() {
    let mut _a = 9;
    let _ = 12;

    println!("表示する値はありません");
}
```

Note このことは、2.3節「変数と定数」や第4章「実行制御」の for 文の説明でも取り上げます。

　現在のところ、名前に日本語を使うことはできません。次の例はコンパイルエラーになります。

```
fn main() {
    let 年齢    = 10;
    println!("{}", 年齢);
}
```

　なお、定数の名前には大文字を使うことができます（☞ 2.3節「変数と定数」）。また、構造体や列挙型にも先頭が大文字の名前を付けることがよくあります。

◆ キーワード ....◆

　キーワードは、システムによって予約されていて、変数や関数などの識別子の名前やクレート（後の章で説明）の名前として使うことはできません。Rust のキーワードは次の通りです。

as	async	await	break	const	continue	crate	dyn
else	enum	extern	false	fn	for	if	impl
in	let	loop	match	mod	move	mut	pub
ref	return	Self	self	static	struct	super	trait
true	type	union	unsafe	use	where	while	

将来使うことが予定されているキーワードは次の通りです。

abstract	become	box	do	final	macro	override
priv	try	typeof	unsized	virtual	yield	

これらのキーワードは識別子の名前に使えません。

名前の一部にキーワードを使うことは可能です。次の例では、キーワード super を含む superman という名前の変数を宣言しています。

```
let superman = 10;          // 変数を宣言する
println!("{}", superman);   // 変数の値を出力する
```

ただし、特にそうする理由がなければ名前の一部にキーワードを使うことは避けるべきです。

◆ 式

プログラミングにおいて**式**という言葉は、計算式だけではなく、一定の規則に従って評価される値や変数、演算子、関数などを組み合わたものという意味があります。

たとえば、次の式は変数 x を宣言して x を 5 にする（厳密には x に 5 という値をバインドする）式です。

```
let x = 5;
```

原則として、式の最後にはセミコロン（;）を付けます。このセミコロンは付け忘れる

ことがあるので注意してください。

 式の最後のセミコロンには例外があって、関数の戻り値となる関数の最後の式にはセミコロン
を付けません（関数については☞第6章「関数とマクロ」）。

また、関数の呼び出しも式に含めます。

```
// printdata()という関数があるものとする

printdata(a, b);    // 関数呼び出しも広い意味で1つの式
```

Rust では、多くの実行されるコードは式として扱われるという点に特に注意をする必
要があります。たとえば、if や while を使った構文も式として扱われ、式の結果を使
うことができます（☞第4章「実行制御」）。

◆ なにもしない式

Rust では、何もしないことを表すのに () を使うことがよくあります。たとえば、次
のプログラムは何の問題もなく実行できます。

```
fn main() {
    println!("Hello");
    ();
    println!("Rust");
}
```

使わない変数の先頭を「_」で始めるのと同様に、Rust 特有の決まりなので覚えてお
きましょう。

2.2 データ型

プログラミングでは、一般に、値（データ）は特定の型のものであると考えます。

◆ データ型が必要な理由 ·· ◆

データ型を区別しなければ、たとえば、整数と文字列を加算するような演算
（123+"xyz"）ができるかもしれません。しかし、仮にその演算ができたとしても、結
果である 123xyz は数値としては意味を持ちません。あるいは、真偽の真を表す true
と数値 25 を加え合わせた true25 も意味を持ちません。

異なる種類のデータを同じ種類のものとして扱うことはできないのです。

そこで、データ型という概念を導入します。

> プログラミング言語の中には、文字列が含まれている演算の値を無理やりすべて文字列に変換
> して連結した文字列を結果として返すものがありますが、そのようなデータの扱い方は例外
> です。

たとえば、1、5、999 などの整数は整数の型、12.34 や 0.0012 のような実数は浮動
小数点型、"ABCdef" や "こんにちは" のような文字列は文字列型であると認識し、それ
ぞれ別の種類のものであるとみなして扱います。

Rust のプリミティブなデータ型には、整数（integer）、浮動小数点数（floating-point
number）、ブール値（Boolean）、そしてキャラクタ（character）という、4 種類のスカ
ラー型（scalar type）と、タプル（tuple）と配列（array）という 2 種類の複合型（Compound
Type）などがあります。

Rust のプリミティブ型（Primitive Type）を次の表に示します。

表2.1●Rustのプリミティブ型

型	解説		型	解説
bool	ブール値		tuple	タプル
char	キャラクタ型 （Unicodeの文字の型）		u8	8ビット符号なし整数
			u16	16ビット符号なし整数
f32	32ビット浮動小数点型		u32	32ビット符号なし整数
f64	64ビット浮動小数点型		u64	64ビット符号なし整数
fn	関数ポインタ （例：fn(usize) -> bool）		u128	128ビット符号なし整数
			usize	ポインタのサイズの符号なし整数
i8	8ビット符号付き整数		*const	ポインタ型（unsafe*）
i16	16ビット符号付き整数		*mut	ポインタ型（unsafe*）
i32	32ビット符号付き整数		&	参照型
i64	64ビット符号付き整数		スライス	スライス型
i128	128ビット符号付き整数		()	"unit"型
isize	ポインタのサイズの符号付き整数		!	"never"型
str	文字列スライス型		[]	配列

表注：*unsafe は、Rust では例外的に認められている安全が保障されない操作に使います。

◆ **整数** ･･･ ◆

整数（integer）を保存するための整数型には次の表に示す型があります。

isize と usize 型は、環境に依存し、64 ビット環境なら 64 ビットに、32 ビット環境なら 32 ビットになります。

表2.2●Rustの整数型

型	説明	範囲
u8	符号なし8ビット整数	0～255
u16	符号なし16ビット整数	0～65535
u32	符号なし32ビット整数	0～4294967295
u64	符号なし64ビット整数	0～18446744073709551615
u128	符号なし128ビット整数	

型	説明	範囲
i8	符号あり8ビット整数	−128〜127
i16	符号あり16ビット整数	−32768〜32767
i32	符号あり32ビット整数	−2147483648〜2147483647
i64	符号あり64ビット整数	−9223372036854775808〜9223372036854775807
i128	符号あり64ビット整数	−9223372036854775808〜9223372036854775807
usize	符号なしのサイズがシステムに依存する数	
isize	符号ありのサイズがシステムに依存する数	

整数は 10 進数で表すときには数値をそのまま書きます。

```
let x = 18;
```

桁の大きい 10 進整数には、3 桁ごとの「,」の代わりに「_」を使うと便利です。

```
const MAX_POINTS: u32 = 100_000;    // 100000の意味
```

16 進数で表すときには先頭に 0x を付けます。

```
let x = 0x12;    // 10進数で18
```

8 進数で表すときには先頭に 0o を付けます。

```
let x = 0o22;    // 10進数で18
```

2進数で表すときには先頭に 0b を付けます。

```
let x = 0b010010;    // 10進数で18
```

桁の大きい2進数は、4桁ごとに「_」で区切ると便利です。

```
let x = 0b01_0010;    // 10進数で18
```

u8 型のリテラルを、先頭に b を付けてそのあとに ' ～ ' で囲んだアルファベットや数字文字、記号（ASCII 文字の記号）で表現することができます。

```
let u = b'A';    // 値は10進数で65

let a = b';';    // 値は10進数で59

let a = b'あ';    // アルファベットや英数文字、記号ではないのでエラーになる
```

リテラルの型を明示したいときには数値リテラルのあとに「_」を続けそのあとに型を指定します。i16 型の値3を使う例を次に示します。

```
let n = 3_i16;
```

◆ 浮動小数点数

実数を保存するための浮動小数点数型（floating-point number）には次の表に示す型があります。

表2.3●Rustの浮動小数点数型

型	説明
f32	32ビット浮動小数点数
f64	64ビット浮動小数点数

64 ビット環境で型を指定しなければ、実数は f64 になります。

値の型を出力するプログラムの例を次に示します。type_of() は値の型を返す関数です（関数については☞第 6 章「関数とマクロ」）。

```
fn main() {
    let x = 7.0;
    println!("{}", type_of(x));   // f64と出力される
}

fn type_of<T>(_: T) -> &'static str {
    std::any::type_name::<T>()
}
```

型を指定するときには、f32 または f64 を使います。

型が異なる実数を直接演算することはできません。次の例は、f32 と f64 の値を掛ける演算（x * y）でエラーになります。

```
fn main() {
    let x: f32 = 7.0;
    let y: f64 = 0.3;

    println!("x*y={}", x * y);   // 型が異なるのでエラー
}
```

次のように as *type* を使って型を変換すれば演算できるようになります。

```
fn main() {
    let x: f32 = 7.0;
    let y: f64 = 0.3;

    println!("x*y={}", x as f64 * y);   // as f64でf32型から変換して演算する
}
```

　リテラルの型を明示したいときには数値リテラルのあとに「_」を続けそのあとに型を指定します。

```
let f = 3.7_f64;
```

　明示的に型を指定しなくても、次のような場合にはコンパイラが f32 と推論してくれるので実行できます。

```
fn main() {
    let x: f32 = 7.0;      // f32としてxを定義する
    let y = 3.2;           // 型を指定しないがf32になる

    println!("{} {} {}", x, y, x + y);   // 共にf32の加算なので実行できる
}
```

　浮動小数点数のリテラルは 10 進数で表記します。このとき、指数表記を利用することもできます。整数部が 0 の場合でも先頭の 0 は省略できません。
　浮動小数点数のリテラルの例を次に示します。

```
let x = 3.1415;
let y = 0.25;       // .25ではエラーになる
let z = 1.23e-2;    // 0.0123の指数表記
```

Note 　実数の計算では、実数を 2 進数の内部表現に変換する際に誤差が発生する可能性があります。

◆ ブール値 ‥‥‥‥‥‥‥‥‥‥‥‥‥‥‥‥‥‥‥‥‥‥‥‥‥‥‥‥‥ ◆

ブール値（Boolean、論理値）型は、bool として定義されていて、論理的に真であることを表す定数 true と、偽であることを表す false のどちらかの値をとります。

```
fn main() {
    let t = true;
    let f: bool = false;

    println!("{} {}", t, f);
}
```

◆ キャラクタ ‥‥‥‥‥‥‥‥‥‥‥‥‥‥‥‥‥‥‥‥‥‥‥‥‥‥‥‥‥ ◆

キャラクタ（character、文字）は Unicode 文字 1 文字を表します。この 1 文字には日本語の文字のようなアスキー文字以外の文字も含まれます。キャラクタ型は char で表します。

```
fn main() {
    let c = 'z';
    let n:char = '0';
    let jp = 'あ';

    println!("{} {} {}", c, n, jp);
}
```

Note プログラミングでは、一般に空白（ホワイトスペース）文字には、スペース文字だけでなく、タブや改行などの通常の方法では表示できない文字が含まれます。Rust でも空白にはタブや改行などが含まれます。

b' ～ ' で囲んだ ASCII 文字はバイトの値として扱われます。

```
let chb = b'a';                    // u8型

let ch = 'a';                      // char型
let chjp = 'あ';                   // char型
```

◆ 文字列

　Rustでよく使われる文字列には、strとStringの2種類があり、どちらもUnicode文字列を保持します。ただし、String型の文字列はRustではプリミティブなデータ型ではありません（言語そのもののデータ型ではありません）。

　strは**文字列スライス**といいます。スライスはメモリ上の文字列の先頭と長さを保持しています。

　strは演算子「&」を使って参照を保存することが多いです。

```
let msg:&str = "Hello, Dogs!";
```

　文字列スライスの長さはlen()で調べることができます。また、いったん作ったスライスの長さを変えることはできませんが、文字列の一部をたとえば [$n..m$] の形式で取り出すことができます。

```
let s = &msg[2..5];        // 3文字目から5文字目までをsに保存する
```

　実行できるプログラムの例を次に示します。

```
fn main() {
    let msg:&str = "Hello, Dogs!";

    println!("msg.len()={}", msg.len()); // 長さ
    println!("msg={}", msg);
    println!("msg={}", &msg[2..5]);        // 3文字目から5文字目まで
}
```

&str 文字列を結合する「+」演算子は定義されていないので、次のコードはエラーに
なります。

```
let mut msg:&str = "Hello, Dogs!";
msg = msg + "ポチ";                    // エラー
```

マクロ format!() を使うと、書式（☞第 3 章「コンソール入出力」）を指定して文字
列を作ることができます。

```
let dog = "ポチ";
let msg = format!("{} ({}歳) ", dog, 6);
println!("{}", msg);                    // ポチ（6歳）と表示される
```

文字列を連結したりさまざまな操作をしたいときには String を使います。

String は std::string::String で構造体（☞第 5 章「複雑なデータ型」）として
定義されている文字列型です。String は String::from() を使って作ることができ
ます。

```
let dog = String::from("ポチ");
println!("{}", dog);
```

String を可変の変数（☞ 2.3 節「変数と定数」）として定義しておくと、文字列の長
さを変更したり文字列の内容を変えることができます。いくつかの例を次に示します。

文字列変数の内容を変更する例

```
fn main() {
    let mut msg:String = String::from("Hello");
    msg = msg + " Rust!";
    println!("msg={}", msg);  // 「Hello Rust!」が出力される
}
```

push_str()を使って文字列を連結する例

```
fn main() {
    let mut msg = String::from("ポチ");
    msg.push_str("Good Dog");
    println!("{}", msg);     // 「ポチGood Dog」になる
}
```

insert_str()を使って文字列を挿入する例

```
fn main() {
    let mut s = String:: from("ポチ");
    s.insert_str(0, "Hello");
    println!("{}", s);        // 「Helloポチ」になる
}
```

「+」演算子を使って文字列を結合する例

```
fn main() {
    let mut msg = String::from("ポチ");
    msg = msg + "Good Dog";
    println!("{}", msg);   「ポチGood Dog」になる
}
```

◆ 文字列リテラル

これまでにも見てきたように、文字列リテラルは " 〜 " で囲みます。

```
println!("Hello, world!");
```

r" 〜 " で囲んだ文字列を **Raw 文字列リテラル**といいます。

```
let msg:&str = r"Hello Dogs";
```

　この Raw 文字列リテラルは、後述するエスケープシーケンスをエスケープシーケンスとしてではなく、そのままの文字の並びとして扱います。

```
fn main() {
    let msg:&str = r"Hello¥nDogs";
    println!("msg={}", msg);          // 「msg=Hello¥nDogs」と出力される
}
```

　b" 〜 " で囲んだ文字列は、[u8] のバイト列として扱います。

```
let msg = b"Hello";
```

　br" 〜 " で囲んだ文字列は Raw 文字列のバイト列です。

◆ エスケープシーケンス

　エスケープシーケンスは、水平タブ（¥t）や改行（¥n）のような ¥ で始まり特別な意味を持つものです。

表2.4●エスケープシーケンス

シーケンス	値	意味
¥b	U+0008	バックスペース
¥f	U+000C	フォームフィード（改ページ）
¥n	U+000A	改行（line feed、newline）
¥r	U+000D	キャリッジリターン（carriage return）
¥t	U+0009	水平タブ（horizontal tab）
¥v	U+000b	垂直タブ（vertical tab）
¥¥	U+005c	バックスラッシュ（日本語環境では¥）
¥'	U+0027	単一引用符（'）
¥"	U+0022	二重引用符（"）
¥xhh	2つの16進数文字hhが表す文字。	
¥uhhhh	4つの16進数文字hhhhが表す文字。	

シーケンス	値	意味
¥Uhhhhhhhh	8つの16進数文字hhhhhhhhが表す文字。	
¥ooo	3つの8進数文字oooが表す文字。	

たとえば、水平タブ（¥t）を使って縦の位置を揃えることができます。

```
fn main() {
    println!("12¥tdef");
    println!("256¥tmemory");
    println!("1024¥tkiro");
}
```

出力結果は次のようになります。

```
12      def
256     memory
1024    kiro
```

◆ タプルと配列

タプル（tuple）は、複数の異なる型の値を1つのグループにすることができる複合型です。

配列（array）は同じ型の要素を並べたものです。

タプルと配列については第5章「複雑なデータ型」で取り上げます。

◆ type

キーワード type を使って**型の別名**（エイリアス）を定義することができます。別名の先頭は大文字にします。

たとえば、u64 に Pop という別名を付けることができます。

```
type Pop = u64
```

型の別名を定義して変数を作り、もとの型の値を加算して表示する例を次に示します。

```
fn main() {
    type Pop = u64;
    let jp_pop: Pop = 123_456_789;
    let es_pop: Pop = 46_723_749;

    let total = jp_pop + es_pop + 456789_u64;

    println!("total={}", total);
}
```

別名はあくまでも元の名前を他の名前で呼んでいるだけなので、別名と元の名前が混在した演算を型変換することなく行うことができます。

2.3 変数と定数

Rust のプログラミングでは、値を保存するために変数と定数を使います。

◆ 変数

プログラムの中で値を保存しておくものを**変数**といいます（厳密には、変数の名前と値を保存するメモリ領域をバインドします）。

変数には、不変（immutable）の変数と、可変（mutable）の変数の 2 種類があります。

不変の変数は、次のように宣言して値を設定します。

```
let x = 10;
```

　このとき、原則として値のデータ型を指定する必要はありません。型はコンパイラが推測して決定します。これを**型推論**といいます。上の例では、保存する値が整数 10 なので、x は i32 型の変数として作成されます。

 型の指定が常に不要なわけではありません。たとえば、コンパイラがコンテキスト（文脈）から型を推定できない場合や、第 6 章で説明する関数の引数や戻り値などには型を指定する必要があります。また、任意の型を指定できることを示す T という文字を使う場合もあります（あとの章で説明）。

　型を明示的に指定する場合は、変数名の後にコロン（:）に続けて型を指定します。i64 型の整数変数 zero を作って値を 0 に設定する例を次に示します。

```
let zero: i64 = 0;
```

　不変の変数は、変数に値をいったんセットすると、変更することができません。

```
let x = 123;
x = 64;      // エラー。xは不変の変数なので別の値をセットすることはできない
```

　不変の変数に値をいったんセットしたあとで、let を使って別の値を設定することは可能です。

```
let x = 123;
let x = 64;    // 別の値をセットする
```

　可変の変数は、変数に値をセットしたあとで、値を変更することができます。可変の変数を宣言するときには、let mut を使います。

　let mut で変数 x を宣言して初期化した後で、同じ変数 x に別の値をセットする例を次に示します。

```
fn main() {
    let mut x = 123;
    println!("x={}", x);

    x = 64;
    println!("x={}", x);
}
```

このプログラムを実行すると、次のように表示されます。

```
x=123
x=64
```

いったん作成した変数に型が異なる値を保存しようとするとエラーになります。

```
fn main() {
    let mut x = 123;           // xに数値を保存する
    println!("x={}", x);

    x = "こんにちわん";          // 型が異なるのでエラーになる
    println!("x={}", x);
}
```

しかし、let または let mut を使って改めて型の異なる値を保存することはできます。

```
fn main() {
    let mut x = 123;               // xに数値を保存する
    println!("x={}", x);
    x = 23;
    println!("x={}", x);

    let x = "こんにちわん";        // xに文字列を保存する
    println!("x={}", x);
}
```

可変の変数を宣言して使った後で、同じ名前で不変の変数にすることもできます。

```rust
fn main() {
    let mut x = 7;
    println!("{}", x);
    x = 9;
    println!("{}", x);
    let x = 8;
    println!("{}", x);
}
```

Rust では、変数や定数などを宣言して使わないと**警告**（warning）が報告されます。使わない変数名は先頭を「_」にします。

```rust
    let _x = 123;
```

Note たとえば第4章で説明するfor文などで記述した変数を実際には使わないことがよくあります。

◆ **定数** ....◆

定数とは、プログラムの実行中に内容が変わらない値に名前を付けたものです。

定数の定義には const を使います。定数の名前には慣例として大文字を使います。

```rust
const MAX_DATA: u32 = 100;
const HELLO:&str = "Hello, Dogs";
```

その他のルールは原則として変数に準じます。たとえば、変数と同様に定数もコンパイル時に型推論が行われるので型の指定を省略することができます。もちろん、必要に応じて明示的に型を指定してもかまいません。

◆ 所有権 ⋯⋯⋯⋯⋯⋯⋯⋯⋯⋯⋯⋯⋯⋯⋯⋯⋯⋯⋯⋯⋯⋯⋯⋯⋯⋯⋯⋯⋯ ◆

Rust では値の**所有権**という概念があります。これは、変数は値を所有するという概念です。

次のコードを見てください。

```
fn main() {
    let s1 = String::from("hello Rust");
    let s2 = s1;                          // 文字列の所有権がs1からs2に移る

    println!("s1={}, s2={}", s1, s2);  // s1は何も所有していないのでエラー
}
```

これは最初に「hello Rust」という文字列を作りそれを s1 に保存したのち、s1 の値を s2 に代入しているかに見えます。しかし、実際には「let s2 = s1;」で文字列「hello Rust」の所有権は s2 に移ってしまい、s1 は使えなくなってしまいます。

s1 の文字列を s2 でも利用できるようにするには clone() を呼び出してクローンを作る必要があります。

```
fn main() {
    let s1 = String::from("hello");
    let s2 = s1.clone();

    println!("s1={}, s2={}", s1, s2);
}
```

これでプログラムを意図通り実行できます。

Note　単純な数値は所有権のことを考慮しないで代入とみなすことができますが、実際には暗黙のうちに値がコピーされてそれぞれの変数が値を持ちます。

関数呼び出しでも所有権が移動します（☞第 6 章「関数とマクロ」）。

◆ 有効範囲

変数や定数の有効範囲は次の通りです。

- 関数の中で宣言した定数や変数はその関数の中で有効。
- { ～ } の中で宣言した定数や変数はその中で有効。

```
fn main() {
    let x = 3;
    {
        let x = 12;              // {}の中で有効
        println!("x={}", x);     // ここではxは12
    }
    let y = x * 2;               // ここではxは3
    println!("x={}", x);
    println!("y={}", y);         // ここではyは6
}
```

また、変数は他の let 文があるところまで有効です。

```
fn main() {
    let x = 7;
    println!("{}", x);        // x = 7はここまで有効
    let x = 8;                // ここからx = 8
    println!("{}", x);
}
```

◆ static 変数

static 変数（**静的変数**）は、モジュールのどこからでも参照できる変数です。

static 変数はキーワード static を使って宣言しますが、その際に、変数名をすべて大文字にすることと、型を明示的に指定する必要があります。

```
static mut VAL: i32 = 123;
```

　static 変数は他の関数を含めてプログラムのどこでも参照したり変更できますが、
unsafe{} で囲んだ安全でないコンテキストの中でなければなりません。

　static 変数を宣言し、値を変更して変更した値を出力する例を次に示します。

```
static mut VAL: i32 = 123;

fn main() {
    unsafe {
        println!("VAL={}", VAL);
    }

    twice();

    unsafe {
        println!("VAL={}", VAL);
    }
}

fn twice() {
    unsafe {
        VAL = VAL * 2;
        println!("VAL in twice()={}", VAL);
    }
}
```

Note　static 変数は別のスレッドを含むプログラムのどこからでもアクセスできるので便利そうに思えますが、発見しにくい重大なバグの原因となりがちなので、特別な理由があって他に手段がない限り使うことを避けるべきです。そのため、安全ではないことを明示的に示す unsafe{} で囲んで使います。

2.4 型の変換

文字列と整数、実数と整数など、型の異なる値をそのまま演算することはできません。種類の異なる型の値を演算するときには型を変換する必要があります。ここでは、良く行われる型変換の方法を紹介します。

◆ 整数から実数への変換

整数から実数へ変換するには as キーワードを使います。

```rust
fn main() {
    let n: i32 = 12;
    let v: f32 = n as f32;
    println!("{}->{}", n, v);
}
```

◆ 実数から整数への変換

実数から整数へ変換するにも as キーワードを使います。

```rust
fn main() {
    let v = 123.45;
    let n = v as i32;
    println!("{}->{}", v, n);
}
```

f64 や f32 に定義されている floor()、ceil()、round() などを使うことで、数値を丸めたり切り捨てたりすることができます（☞第7章「ライブラリとマクロ」）。

```rust
let v = 12.56_f64;

let n = v.floor() as i32;    // その値を超えない整数
```

```
let m = v.ceil() as i32;    // 切り上げ
let l = v.round() as i32;   // 丸め
```

◆ 整数型から別の整数型への変換 ◆

整数型から別の整数型へ変換するにも as キーワードを使います。

大きな型への変換の例を示します。

```
fn main() {
    let n: i32 = 12;
    let v: i64 = n as i64;
    println!("{}->{}", n, v);
}
```

小さな型への変換の例を示します。

```
fn main() {
    let n: i64 = 12;
    let v: i32 = n as i32;
    println!("{}->{}", n, v);
}
```

　小さな型への変換では、もとの値が変換後の型で扱える範囲を超えていると正しく変換できません。

```
fn main() {
    let n: i64 = i64::MAX;
    let v: i32 = n as i32;
    println!("{} => {}", n, v);  // 9223372036854775807 => -1になる
}
```

◆ 実数型から別の実数型への変換 ·····································◆

実数型から別の実数型へ変換するときにも as キーワードを使います。このときに誤差が発生する場合があります。

```
fn main() {
    let x: f32 = 7.6;
    let y: f64 = x as f64;
    println!("{} {} ", x, y);
}
```

◆ 文字列から数値への変換 ···◆

文字列から数値へ変換するには parse().unwrap() を使います。

```
fn main() {
    let s = "123";
    let v: u32 = s.parse().unwrap();
    println!("{} -> {}", s, v);
}
```

あるいは、parse::<*type*>().unwrap() を使います（*type* は変換する型）。

```
fn main() {
    let s: &str = "123";
    let n: i32 = s.parse::<i32>().unwrap();
    println!("{:?}->{}", s, n);
}
```

文字列からバイト値へ変換するには as_bytes() を使います。

```
fn main() {
    let s: &str = "0";
    let n: &[u8] = s.as_bytes();
```

```
    println!("{}->{:?}", s, n);
}
```

◆ 数値から文字列への変換

数値から文字列へ変換するには to_string() を使います。

```
fn main() {
    let n: i32 = 123;
    let s = n.to_string();
    println!("{}->{}", n, s);
}
```

バイト値から文字列へ変換するには std::str::from_utf8().unwrap() を使います。

```
fn main() {
    let n: &[u8] = &[0x33];  // '3'
    let s: &str = std::str::from_utf8(n).unwrap();
    println!("{:?}->{}", n, s);
}
```

2.5　演算子

Rust には、以下に示すような演算子（operator）があります。

◆ 二項演算子

二項演算子は、演算子の左右の値に作用します。

たとえば、次の二項演算子「+」を使った式は、aとbの値を加算し、その結果をlet
ステートメントを使ってcに代入します（「=」は代入演算子です）。

```
let c = a + b;
```

 Note　文字列は「+」演算子で結合することはできません。

Rustの主な二項演算子を次表に示します。これらの演算子は後ろに「=」を付けるこ
とで計算と代入を同時に行うことができます。たとえば、「a += 1」はaの値を1だけ
増やします。

表2.5●主な二項演算子

演算子	説明	例
+	右辺と左辺を加算する。	a + b
−	左辺から右辺を減算する。	a − b
*	右辺と左辺を乗算する。	a * b
/	左辺を右辺で除算する。	a / b
%	左辺を右辺で除算した余りを計算する。	a % b
&	左辺と右辺の各ビットの論理積(AND)を計算する。	a & b
|	左辺と右辺の各ビットの論理和(OR)を計算する。	a | b
^	左辺と右辺の各ビットの排他的論理和(XOR)を計算する。	a ^ b
<<	右辺の値だけ、左辺を算術左シフトする。	a << b
>>	右辺の値だけ、左辺を算術右シフトする。	a >> b

論理演算（&、|、^）の例を次に示します。

```
fn main() {
    let a = 0b010010;
    let b = 0b000111;
```

```
    println!("{:08b}", a & b);  // AND、結果は00000010
    println!("{:08b}", a | b);  // OR、 結果は00010111
    println!("{:08b}", a ^ b);  // XOR、結果は00010101
}
```

println!() の中の "{:08b}" は、8 桁の 2 進数で出力することを指示しています。

　ビットのシフトは、値を構成する各ビットを左または右にシフトします。整数で符号を考えない場合には、値は次のような影響を受けます。

- 値を構成する各ビットを右にシフトすれば値は小さくなります。
  1 桁右に移動するごとに値は 1/2 になります。
- 値を構成する各ビットを左にシフトすると値は大きくなります。
  1 桁左に移動するごとに値は 2 倍になります。

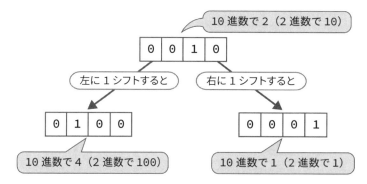

図2.1●整数値のシフト

　左シフトは整数を 2^n 倍するときに、右シフトは整数を $1/2^n$ 倍するときによく使われます。

```
fn main() {
    let n = 1;
    println!("{}", n << 1);   // 左に1シフト=2倍。結果は2
    println!("{}", n << 2);   // 左に2シフト=4倍。結果は4
    println!("{}", n << 3);   // 左に3シフト=8倍。結果は8

    let m = 300;
    println!("{}", m >> 1);   // 右に1シフト=1/2倍。結果は150
    println!("{}", m >> 2);   // 右に2シフト=1/4倍。結果は75
    println!("{}", m >> 3);   // 右に3シフト=1/8倍。結果は37（切り捨て）
}
```

シフト演算子も、演算して代入することができます。たとえば x が整数の時「x <<= 1」は x の値を左に 1 ビットシフトして x そのものの値が 2 倍になります。

◆ 単項演算子

単項演算子は、演算子の右側の値が左側の値に作用します。

たとえば、次の単項演算子「-」を使った式は、-5 を c に代入します。

```
let c = -5;
```

Rust の主な単項演算子を次表に示します。

表2.6●主な単項演算子

演算子	説明	例
+	右辺を足した値を計算する。	+5
-	右辺から引いた値を計算する。	-5
^	右辺の各ビットの否定を計算する。	^5

他の多くの言語で定義されている「++」および「--」演算子は、Rust にはありません。

◆ 比較演算子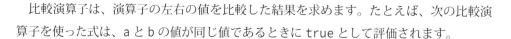

比較演算子は、演算子の左右の値を比較した結果を求めます。たとえば、次の比較演算子を使った式は、a と b の値が同じ値であるときに true として評価されます。

```
a == b
```

Rust の主な比較演算子を次表に示します。

表2.7●主な比較演算子

演算子	説明	例
==	左辺と右辺が等しければtrue	a == b
!=	左辺と右辺が異なればtrue	a != b
<	左辺が右辺より小さければtrue	a < b
<=	左辺が右辺より小さいか等しければtrue	a <= b
>	左辺が右辺より大きければtrue	a > b
>=	左辺が右辺より大きいか等しければtrue	a >= b

「=>」は比較演算子ではなく match 文で使われる特別な演算子です（☞第 4 章「実行制御」）。

◆ 論理演算子 ◆

論理演算子は、演算子の左右の値または（！の場合は）右側の値に作用して論理値を返します。たとえば、次の論理演算子を使った式は、a と b の値が共に true のときに true と評価されます。

```
a && b
```

Rust の論理演算子を次表に示します。

表2.8●論理演算子

演算子	説明	例
&&	左辺と右辺の論理積を評価する（右辺と左辺が共に真なら真）。	a && b
||	左辺と右辺の論理和を評価する（右辺と左辺のどちらかが真なら真）。	a || b
!	右辺の否定を評価する（右辺が真なら偽、右辺が偽なら真）。	!a

◆ 代入演算子

代入演算子は、演算子の右の値を左の変数に代入します。たとえば、次の代入演算子を使った式は、aとbの値を加算した結果をcに代入します。

```
let c = a + b;
```

Rustの代入演算子を次表に示します。

表2.9●代入演算子

演算子	説明	例
=	左辺の変数へ右辺の値を代入する。	a = b
*=	乗算して代入する。	a *= b
+=	加算して代入する。	a += b
-=	除算して代入する。	a -= b
/=	除算して代入する。	a /= b
<<=	左シフトして代入する。	a <<= b
>>=	右シフトして代入する。	a >>= b
^=	ビットごとにXORして代入する。	a ^= b
|=	ビットごとにORして代入する。	a |= b

◆ 参照と参照外し ·· ◆

「&」は変数の参照を表します。参照の値に「*」を付けると値そのものを指します。

```
fn main() {
    let x:i32 = 456;
    let r = &x;

    println!("x={} r={} *r={:?}", x, r, *r);
}
```

C言語やC++と違って上のプログラムのrはアドレスを出力しません。このプログラムは「x=456 r=456 *r=456」と表示します。

変数の値とその型を出力する例を次に示します。値の型の出力にはtype_of()という関数（☞第6章「関数とマクロ」）を使います。

```
fn main() {
    let x:i32 = 456;
    let r = &x;

    println!("x={} type={:?}", x, type_of(x));     // x=456 type="i32"
    println!("r={} type={:?}", r, type_of(r));     // r=456 type="&i32"
    println!("*r={} type={:?}", *r, type_of(*r)); // *r=456 type="i32"
}

fn type_of<T>(_: T) -> &'static str {
    std::any::type_name::<T>()
}
```

rは間違いなく&i32型ですが、println!()では値そのものが出力されます。

なお、キーワードrefを使って参照を表すこともできます。

```
fn main() {
    let x:i32 = 456;
    let ref r = x;   // みかけはr = &x;と同じ
```

```
    println!("x={} r={} *r={:?}", x, r, *r);
}
```

　可変な値の参照を別の変数に保存して、その変数の値を変更することができます。

　次に示すのは、可変の変数 x を宣言して値を 456 にしたあとで、y にその参照を保存し、y が参照している値を変更する例です。この場合、*y に新しい値を設定すると値の所有権は y に移動するので、以降変数 x を使うとエラーになります。

```
fn main() {
    let mut x:i32 = 456;
    let y = &mut x;   // みかけは r = &x;と同じ
    *y = 123;           // xの値の所有権はyに移る

    println!("y={}", y);
    println!("y={} x={}", y, x);   // xの値を使うとエラー
}
```

◆ その他の主な演算子 ·· ◆

Rust のその他の主な演算子を次表に示します。

表2.10●Rustの主な演算子

演算子	書式の例	説明
!	ident!(...)、ident!{...}、ident![...]	マクロ展開
!	!expr	ビットごと反転または論理否定
&	&type、&mut type、&'a type、&'a mut type	借用されたポインタ型
*	*const type、*mut type	生(raw)ポインタ
+	trait + trait、'a + trait	型制限の複合化
,	expr, expr	引数と要素のセパレーター
-	- expr	負の値
-	expr - expr	減算
-=	var -= expr	減算と代入
->	fn(...) -> type、|...| -> type	関数とクロージャーの戻り値
.	expr.ident	メンバーへのアクセス
..	..、expr..、..expr、expr..expr	範囲(境界は含まない)
..=	..=expr、expr..=expr	範囲(境界を含む)
..	..expr	構造体リテラル更新シンタックス
..	variant(x, ..)、struct_type { x, .. }	「残り全部」パターン束縛
...	expr...expr	パターンで:以下範囲パターン
/	expr / expr	除算
/=	var /= expr	除算と代入
:	pat: type、ident: type	制約
:	ident: expr	構造体のフィールド初期化子
;	[...; len]	固定長配列記法の一部
=	var = expr、ident = type	代入、等価(比較)
=>	pat => expr	matchアーム記法の一部
@	ident @ pat	パターン束縛
		pat	pat	パターンOR
?	expr?	エラープロパゲーション

　すべての演算子は、`https://doc.rust-jp.rs/book/second-edition/appendix-02-operators.html`に掲載されています。

◆ 演算子の結合順序 ◆

　演算子には、複数の演算子が使われているときの優先度が設定されています。

　Rustの主な演算子の優先順位を次表に示します。数字が大きいほど先に評価されます。

表2.11●Rustの主な演算子の優先順位

優先度	演算子
5（高）	`*　/　%　<<　>>　&`
4	`+　-　|　^`
3	`==　!=　<　<=　>　>=`
2	`&&`
1（低）	`||`

■練習問題■

2.1　変数 2 個を作り、それぞれに整数値を保存して加算した結果を表示するプログラムを作ってください。

2.2　整数の割り算を行ってその商と余りを求めるプログラムを作ってください。

2.3　2 つの 64 ビットの実数の変数を作って値を代入し、それらを比較した結果を出力するプログラムを作ってください。

第 3 章

コンソール入出力

この章では、画面に情報を出力したり、キーボードから
の入力をプログラムが受け取る方法などを説明します。

3.1　コンソール出力

第 1 章と第 2 章では println!() を使って文字列や値を出力していました。ここでは他の方法を使った出力についても説明します。

◆ 出力マクロ

これまでのサンプルで文字列や値の出力に使っていた println!() マクロは、指定された値（文字列も 1 つの値です）を出力して改行します。

たとえば、次の文を実行すると「こんにちは」と出力することができます。

```
println!("こんにちは");
```

print!() を使うと、出力したあとで改行しません。

```
fn main() {
    print!("abc");
    print!("123");
    print!("xyz");
}
```

出力結果は次のようになります。

```
abc123xyz
```

◆ 書式指定文字列

書式指定文字列は、出力や入力などの書式を指定する文字列です。書式指定文字列を使って出力や入力の際の書式（フォーマット）を指定することができます。

println!() や print!() を使った出力では、最初の引数に書式指定文字列を指定し

て、そのあとに出力する値をカンマ（,）でつなげることで書式を指定したり複数の値を出力することもできます。

println!() に 3 個の引数を指定する例を次に示します。

```
let name = "椀子犬太";

println!("こんにちは、{}{}", name, "さん。");
```

最初の引数 "こんにちは、{}{}" が書式指定文字列です。このコードを実行すると「こんにちは、椀子犬太さん。」と出力されます。書式指定文字列の中の {} には、2 個目以降の引数の値が順に入ります。

書式指定文字列

図3.1●書式指定文字列とそれに続く引数

従って、厳密にいえば、「こんにちは」と出力する次のコードは、書式指定文字列に文字列だけを指定したことになります。

```
println!("こんにちは");      // 書式指定文字列に文字列だけ指定したのと同じ
```

println!() や print!() の最初の引数は文字列でなければなりませんが、それに続く引数には {} で出力できる型の任意の値を指定できます。

Note

{} で出力できる型は基本的にはスカラー型や文字列などの単純な型の値で、println!() や print!() で出力できるように std::fmt::Display で実装されている型です。

次の例に示すように、種類の異なるさまざまな型の値を出力することができます。

```
fn main() {
    let name = "椀子犬太";
    let age = 16;
    let l = 168.5;
    println!("{}:年齢={} 身長={}", name, age, l);
}
```

書式指定文字列の中の {} には、後に続く引数の値が順に埋められますが、{n} のように番号を指定して n 番目（最初の値はゼロ）の引数を埋めることもできます。

順序を変えたり同じ値を複数回使う例を次に示します。

```
fn main() {
    let name = "椀子犬太";
    let age = 16;
    let l = 168.5;
    println!("{0}:年齢={2} 身長={1} ({0}) ", name, l, age);
}
```

これを実行すると「椀子犬太:年齢=16 身長=168.5(椀子犬太)」と出力されます。

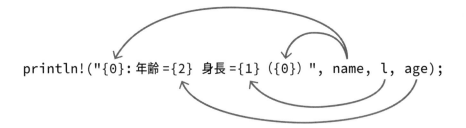

図3.2●出力順序の指定

{} はデフォルトでは整数は 10 進数で出力することを意味しますが、{} の中で「:」に続けて基数を表す文字（表 3.1）を指定することで、整数を 16 進数や 8 進数などで出力することもできます。

表3.1●基数の書式

文字	出力される表現
b	2進数
o	8進数
x	16進数
X	16進数（大文字で出力）
e	指数表現
E	指数表現（大文字で出力）

次に例を示します。

```
println!("{:b}", 123);  // 2進数で「1111011」と出力される
println!("{:o}", 123);   // 8進数で「173」と出力される
println!("{:x}", 123);   // 16進数で「7b」と出力される
println!("{:X}", 123);   // 16進数で「7B」と出力される
println!("{:e}", 12.3);  // 「1.23e1」と出力される
println!("{:E}", 12.3);  // 「1.23E1」と出力される
```

また、{} の中の「:」の後に表 3.2 の文字列を指定して、右寄せ、中央揃えなどの出力の揃え方と出力する幅（長さ）を指定して出力することもできます。

表3.2●出力の揃え方（アライメント）

文字列	揃え方
<n	n桁で左揃えにする
>n	n桁で右揃えにする
^n	n桁で中央揃えにする
>0n	n桁で足りない桁は0で埋める
<0n	n桁で足りない桁は0埋める

揃え方を変えて出力する例を次に示します。

```
fn main() {
    println!("[{0:<8}]", "Left");
```

```
        println!("[{0:^8}]", "Center");
        println!("[{0:>8}]", "Right");
        println!("[{0:<08}][<{1:>8}]", 123, 234);
}
```

これを実行すると、次のように出力されます。

```
[Left    ]
[ Center ]
[   Right]
[00000123][<     234]
```

　上記の書式文字列や、書式文字列で {} だけを指定して出力できるのは、整数や実数、文字列などの単純な型だけです。たとえば、配列の要素1個は（整数や実数、文字列であれば）{} だけを指定して出力できますが、配列全体を {} だけを指定して出力することはできません。{} だけでは出力できない値を出力したい場合は {:?} を使います。

```
fn main() {
    let a = [0,1,2,3];

    println!("a={:?}", a);
}
```

　これを実行すると「a=[0, 1, 2, 3]」と出力されます。これはコンピュータの中の値の表現と考えることができます。

　単に {} で出力できる値であっても、書式指定文字列を {:?} にすると値が内部表現で出力されます。文字列を {} と {:?} で出力する例を次に示します（String::new() は空の文字列を作成します）。

```
fn main() {
    let mut s = String::new();
    s.insert_str(0, "Hello");

    println!("{}", s);      // Helloと出力される
```

```
    println!("{:?}", s);    // "Hello"と出力される
}
```

3.2 コンソール入力

ここではキーボードから文字列や数値を入力する方法を説明します。

◆ キーボードからの入力

現在のところ、キーボードからの入力をプログラムが受け取るには、入力用の関数を使います。

ここでは read_line() を使う方法を説明しますが、この方法を使って入力するプログラムをより簡潔にするには、関数やマクロを作成する必要があります（☞第6章「関数とマクロ」）。

Note 標準入力は通常はキーボードですが、OSのリダイレクトやパイプと呼ぶ機能を使ってファイルから入力したり、他のプログラムの出力を入力することもできます。

◆ read_line()

基本的なキーボードからの入力には、read_line() を使うことができます。

典型的には、read_line() は次のように呼び出します。

```
std::io::stdin().read_line(&mut line).ok();
```

ここで line はキーボードから受け取った文字列を保存する変数です。line は他の名前にしてもかまいませんが、この段階ではその他の部分はこのようにするものと考えて

ください。

　キーボードから入力した 1 行のテキストを受け取る変数 line はあらかじめ可変の変数として定義しておく必要があります。たとえば次のようにして変数 line を作成しておきます（String::new() は空の String を作成します）。

```
let mut line = String::new();
std::io::stdin().read_line(&mut line).ok();
```

　これで変数 line にキーボードから入力された文字列が入りますが、不要な空白が含まれていたら削除したいので、次のように trim() を呼び出して空白（改行を含む）を削除し、to_string() で文字列に変換して別の変数 name に保存します。

```
let name = line.trim().to_string();
```

　ここでは変数 name は後から値を変更する必要がないので、mut を付けずに不変の変数として宣言します。

　これらのコードを実行することで変数 name にキーボードから入力された文字列を保存することができますが、単にキーボード入力を受け付ける命令を実行すると、画面には何も表示されません。そのため、いつ、どのような情報を入力したらよいかプログラムのユーザーにはわかりません。

　そのため、入力の前にこれから入力して欲しいことを表す文字列（プロンプト）を表示するのが普通です。ここでは名前を入力してほしいものとして、「名前を入力してください。」と表示してみましょう。

```
println!("名前を入力してください。");
```

　ここまでに説明したコードをまとめると、次のようになります。

```
// 名前の入力を促す
println!("名前を入力してください。");
```

```
// キーボードから入力する
let mut line = String::new();
std::io::stdin().read_line(&mut line).ok();
let name = line.trim().to_string();
```

　こうして変数 name にキーボードの入力を受け取ったら、次の書式で println!() を呼び出すことで、「こんにちは、○○さん！」と出力することができます（「○○」はキーボードから入力された名前になります）。

```
println!("こんにちは、{}さん!", name);
```

　プログラムをまとめると次のようになります。

---

hellomr.rs

```
// hellomr.rs
fn main() {
    // 名前の入力を促す
    println!("名前を入力してください。");

    // キーボードから入力する
    let mut line = String::new();
    std::io::stdin().read_line(&mut line).ok();
    let name = line.trim().to_string();

    // 出力する
    println!("こんにちは、{}さん!", name);
}
```

　これを実行する例を示します。

```
C:¥Rust¥ch03>hellomr.exe
名前を入力してください。
椀子犬太
こんにちは、椀子犬太さん!
```

Rust Playground や一部の IDE ではキーボードからの入力を扱うことができません。

　文字列以外の他の型の値を入力することもできます。たとえば、整数なら次のように
して入力されたものを文字列として受け取ってから整数に変換します。

```rust
std::io::stdin().read_line(&mut s).ok();
let n:i32 = s.trim().parse().ok().unwrap();
```

　これを実行できるプログラムにすると、次のようになります。

twice.rs

```rust
// twice.rs
fn main() {

    println!("整数を入力してください。");
    // 標準入力から一行を読み取り、整数にする
    let mut s = String::new();
    std::io::stdin().read_line(&mut s).ok();
    let n:i32 = s.trim().parse().ok().unwrap();

    println!("{}の2倍は{}", n, n * 2);
}
```

　このプログラムの実行例を次に示します。

```
C:¥Rust¥ch03>twice.exe
整数を入力してください。
12
12の2倍は24
```

◆ use

read_line() は std::io というところに属しています（std::io モジュールといいます）。この std::io にあるものを使うということを use 文を使ってあらかじめ宣言しておくと、関数を呼び出すときに「std::」を省略することができます。

```
use std::io;
    ⋮
    io::stdin().read_line(&mut s).ok();
```

プログラム全体は次のようになります。

twice.rs

```
// twice.rs
use std::io;

fn main() {
    println!("整数を入力してください。");
    // 標準入力から一行を読み取り、整数にする
    let mut s = String::new();
    io::stdin().read_line(&mut s).ok();
    let n:i32 = s.trim().parse().ok().unwrap();

    println!("{}の2倍は{}", n, n * 2);
}
```

なお、use 文で std::* のように「*」を指定すると、std にあるものをすべて利用できるようになります。

また、{ ～ } で囲んで複数の対象を利用するようにすることができます。

たとえば、次の一連の use 文が必要であるとします。

```
use chrono::Local;
use chrono::DateTime;
use chrono::Date;
```

これは次の 1 行にまとめることができます。

```
use chrono::{Local, DateTime, Date};
```

use 文で as を使うと別名を付けることができます。別名を付けることによって名前の重複を回避できるだけでなく、次のような「nantoka::kantoka::untara::kantara」という長い名前を「nanja」という短い名前で参照できるようになります。

```
use nantoka::kantoka::untara::kantara as nanja;
```

◆ ok()

先ほどのコード断片をもう一度見てみましょう。

```
use std::io;
    ⋮
    io::stdin().read_line(&mut s).ok();
```

io::stdin().read_line() を呼び出すときに、最後に ok() が付けられています。io::stdin().read_line() を呼び出すと Result（結果）が返されます。そこで、上の io::stdin().read_line() の呼び出しを、より詳しい情報を出力するように書き換えると、次のようになります。

```
let rslt = io::stdin().read_line(&mut s);  // 結果をrsltに保存する

// rsltの値に従って操作を変える
match rslt {
    Ok(v) => println!("読み込み成功: {:?}", v),
    Err(e) => println!("読み込み失敗: {:?}", e),
}
```

matchは値に従って実行するコードを切り替えます(☞第4章「実行制御」)。この場合、rslt の内容が「Ok」なら「読み込み成功」と追加情報を出力し、「Err」なら「読み込み失敗」と追加情報を出力します。

この場合、「io::stdin().read_line(&mut s).ok()」の .ok() を省略して次のようにしてしまうこともできそうです。

```
io::stdin().read_line(&mut s);   // 結果を無視する
```

しかし、そうすると、コンパイル時に次のような警告メッセージが出力されます。

```
this `Result` may be an `Err` variant, which should be handled
```

簡潔にいえば、これは結果(Result)が Err である場合に対処するコードを書いてないよ、という警告です。つまり、発生する可能性があるエラーはきちんと対処しましょうという Rust の理念に従ってコンパイラが警告を表示してくれているわけです。

しかし、このプログラムの場合、ここでいちいちこのエラーを丁寧に扱う必要がないので、ok なら先に進みましょうということで .ok() を付けています。

実際に実行できるコードにすると次のようになります。

inputint.rs

```
// inputint.rs
use std::io;

fn main() {
    println!("整数を入力してください。");
    // 標準入力から一行を読み取り、整数にする
    let mut s = String::new();
    let rslt = io::stdin().read_line(&mut s);
    match rslt {
        Ok(v) => println!("読み込み成功: {:?}", v),
        Err(e) => println!("読み込み失敗: {:?}", e),
    }
    let n:i32 = s.trim().parse().ok().unwrap();
```

```
    println!("{}の2倍は{}", n, n * 2);
}
```

 この ok() についてはこの段階で完全に理解するのは困難かもしれません。いまの段階ではキーボードから読み込むコードのパターンとして ok() 付きで使うものであると理解しておいて、後の章で必要な知識を取り入れてからここを読み直してもかまいません。

3.3　コマンド引数

ここでは、プログラムを実行するときにプログラム名に引数を指定して実行するときの引数の扱い方について説明します。

◆ コマンドラインと引数

プログラムを実行するときに、OS に対して入力する文字列全体を**コマンドライン**といいます。たとえば、Rust のプログラム sample.rs をコンパイルするときには、次のように入力します。

```
>rustc sample.rs
```

このように入力して Rust のコンパイラを実行するときの「rustc sample.rs」全体がコマンドラインで、「rustc」はプログラムの名前、「sample.rs」のように空白で区切られて後ろに続く文字列はコマンドライン引数（コマンドラインパラメータ）です。

コマンドライン引数はプログラムに渡されて、プログラムの中で使います。たとえば、「rustc sample.rs」の場合、rustc プログラムがファイル名 sample.rs を受け取ってコンパイルします。

　自分で作成するプログラムでも、プログラムを実行（起動）するときにコマンドライ
ンに引数（パラメーター）を指定して実行し、プログラムの中でその引数を利用するこ
とができます。

◆ コマンドライン引数の処理 ·· ◆

　コマンドライン引数は、std::env::args().collect() で取得することができます。
一般的には次のようにします。

```
let argv: Vec<String> = std::env::args().collect();
```

　これを実行すると、コマンド名とコマンドライン引数がすべて変数 argv に保存され
ます。Vec<String> は String（文字列型）のベクター（Vector、☞第 6 章「複雑なデ
ータ型」）であることを表しています。

　上に示したコードは、use を使って次の書くこともできます。

```
use std::env;
    ⋮
    let argv: Vec<String> = env::args().collect();
```

　コマンドライン引数の数は次のようにして取得することができます。

```
let argc = argv.len();
```

　変数 argc にはコマンドラインの引数の数が入ります（正確には最初の値はコマンド
名なので引数の数 +1 になります）。コマンドライン引数の数とその内容を出力したい場
合は次のようにします。

```
args.rs
// args.rs
use std::env;
```

```
fn main() {
    let argv: Vec<String> = env::args().collect(); // コマンドライン引数
    let argc = argv.len();                          // 引数の数
    println!("arg={}", argc);
    println!("{:?}", argv);
}
```

このプログラムの実行例を次に示します。

```
C:¥Rust¥ch03>args abc 123 xyz
arg=4
["args", "abc", "123", "xyz"]
```

個々の引数を取り出すときには次のようにします。

```
let argv: Vec<String> = env::args().collect();

let argv0 = &argv[0];    // コマンド名
let argv1 = &argv[1];    // 最初の引数
let argv2 = &argv[2];    // 2番目の引数
```

コマンド名とコマンドライン引数を表示する例を次に示します。

cmndargs.rs

```
// cmndargs.rs
use std::env;

fn main() {
    let argv: Vec<String> = env::args().collect(); // コマンドライン引数
    let argc = argv.len();                          // 引数の数

    if argc < 3 {
        println!("引数を2個指定してください。");
        std::process::exit(1);
```

```
    }

    println!("実行ファイル名:{}", argv[0]);
    println!("引数1:{}", argv[1]);
    println!("引数2:{}", argv[2]);
}
```

「if argc < 3 {...}」は引数の数が 3 未満の場合に ... を実行する制御文です（☞ 第 4 章「実行制御」）。「std::process::exit(1);」はプログラムを終了します。

Note　上のコードは、後の章で説明する for 文を使ってよりシンプルなコードにすることができます。

このプログラムを Windows のコマンドラインで実行する例を次に示します。

```
C:¥Rust¥ch03>cmndargs.exe abc xyz
実行ファイル名:cmndargs.exe
引数1:abc
引数2:xyz
```

上のプログラムを、コマンドラインからファイル名を取得してファイルを読み込んで表示する 1 つのツールとしても使えるプログラムにすると、次のようになります。

dispfile.rs

```
// dispfile.rs
use std::env;
use std::io::BufReader;
use std::io::prelude::*;
use std::fs::File;

fn main() -> std::io::Result<()> {
    let argv: Vec<String> = env::args().collect(); // コマンドライン引数
    let argc = argv.len();                         // 引数の数
```

```
    let fname = &argv[1];

    if argc < 2 {
        println!("引数にファイル名を指定してください。");
        std::process::exit(1);
    }
    // ここからファイルを読み込んで表示するコード
    let f = File::open(fname)?;
    let reader = BufReader::new(f);

    for line in reader.lines() {
        println!("{}", line?);
    }
    Ok(())
}
```

　「ここからファイルを読み込んで表示するコード」以降のコードについては第9章で説明します。

■ 練習問題 ■

3.1　名前を入力すると、「○○さん、こんにちは」と出力するプログラムを作成してください。

3.2　2つの整数を入力すると加算した結果を出力するプログラムを作ってください。文字列 s を整数に変換するときには s.parse().unwrap() を使います。

3.3　コマンドライン引数に2個の実数を指定するとその和を計算して出力するプログラムを作ってください。文字列 s を実数に変換するときには s.parse().unwrap() を使います。

第 4 章

実行制御

この章では、プログラムの流れを制御する構文について説明します。プログラムの流れは、分岐と繰り返しで制御します。

4.1　条件分岐

条件分岐の文では、条件に応じて次に実行するコードを選択することができます。

◆ if 文

if 文は条件式を評価した結果に応じて実行するステートメントを決定します。

if 文の最も基本的な形式は次の通りです

```
if expr {
    statement
}
```

この場合、*expr* は条件式で、*expr* が真（True）であるときに、*statement* が実行されます。

たとえば、次のコードの場合、x の値がゼロより大きい数であるときに「x は正の数です。」と出力されます。

```
if x > 0 {
    println!("{}は正の数です。", x);
}
```

条件式 *expr* は、たとえば関数呼び出しでもかまいません。たとえば、引数の値が偶数である場合に true を、そうでなければ false を返す関数 is_even() があるとすると、次のようにすることができます（関数については☞第 6 章「関数とマクロ」）。

```
if is_even(n) {
    println!("{}は偶数です", n);
} else {
    println!("{}は奇数です", n);
}
```

条件が真でないときに実行したい文がある場合には else 節を使います。その場合の書式は次の通りです。

```
if expr {
    stat_true
} else {
    stat_false
}
```

stat_true は条件式が真の場合に実行するステートメント、*stat_false* は条件式が偽の場合に実行するステートメントです。

たとえば、次のコードの場合、x の値がゼロより大きい数であるときに「x は正の数です。」と出力され、x の値がゼロより小さい数であるときに「x は正の数ではありません。」と出力されます。

```
if x > 0 {
    println!("{}は正の数です。", x);
} else {
    println!("{}は正の数ではありません。", x);
}
```

else に if を続けてさらに条件によって分岐を行うことができます。

たとえば、次のコードの場合、x の値がゼロより大きい数であるときに「x は正の数です。」と出力され、x の値がゼロより小さい数であるときに「x は負の数です。」と出力されます。

```
if x > 0 {
    println!("{}は正の数です。", x);
} else if x < 0 {
    println!("{}は負の数です。", x);
}
```

else if のあとにさらに続けて else を使うこともできます。

たとえば、次のコードの場合、x の値がゼロより大きい数であるときに「x は正の数です。」と出力され、x の値がゼロより小さい数であるときに「x は負の数です。」と出力されます。そして、そのいずれでもない場合(つまり x の値がゼロである場合)には「x はゼロです。」と出力されます。

```
if x > 0 {
    println!("{}は正の数です。", x);
} else if x < 0 {
    println!("{}は負の数です。", x);
} else {
    println!("{}はゼロです。", x);
}
```

キーボードから入力された整数が正であるか負であるかゼロであるかを if 文で調べるプログラムを通るとすると、たとえば次のようにすることができます。

ifelse.rs

```
// ifelse.rs
use std::io;

fn main() {
    println!("整数を入力してください。");
    // 標準入力から一行を読み取り、整数にする
    let mut s = String::new();
    io::stdin().read_line(&mut s).ok();
    let x:i32 = s.trim().parse().ok().unwrap();

    if x > 0 {
        println!("{}は正の数です。", x);
    } else if x < 0 {
        println!("{}は負の数です。", x);
    } else {
        println!("{}はゼロです。", x);
    }
}
```

Rust の特徴として多くのステートメントが値を返すという性質があります。if 文も 1 つのステートメントですが、あたかも関数であるかのように値を返します。

値を返すときには、式の最後にセミコロン（;）を付けません。if ステートメントの結果を変数 x に代入する例を次に示します。

```
let b = if x > 0 {
    1                  // ;（セミコロン）を付けない
} else {
    0                  // ;を付けない
};                     // ここには;が必要
```

同じことを次のように 1 行で記述すると、より理解しやすいかもしれません。

```
let b = if x > 0 { 1 } else { 0 };
```

返す値としてマクロや関数呼び出しを記述することもできます。次のプログラムは、条件分岐の文である if x > 0 { .. } の結果を変数 b に保存するプログラムの例です。

```
fn main() {

    let x = 0;

    let b = if x > 0 {
        println!("{}は正の値", x)
    } else {
        println!("{}はゼロまたは負の値", x)
    };

    println!("b={:?}", b);
}
```

このプログラムを実行すると、次のように出力されます。

```
0はゼロまたは負の値
b=()
```

　これは、println!() を実行して返される値が () であることを表します（() は 1 つ
の型です）。この場合は関数から返される値に意味はありませんが、あとのほうで関数や
Result という列挙体（enum）を学ぶと、if 文が返す値についてより深く理解できる
ようになるでしょう。

◆ match 文

　match 文は、式を評価して、結果に応じて処理を切り替えます。書式は次の通りです。

```
match expr {
    const-expr1 => stat1,
    const-expr2 => stat2,
        ⋮
    const-exprn => statn,
    _ => default-stat,
}
```

　expr は処理を切り替える条件となる式、const-exprn はそのあとの statn を実
行するときの値、statn は実行するステートメント、default-stat は expr がどの
const-exprn とも一致しないときに実行するステートメントです。

　「case const-exprn : statn」は何組あってもかまいません。またすべての expr
に一致する const-exprn を記述した場合には「_ => default-stat」は省略します。
逆に言えば、match 文ではあらゆる場合にどれかの const-exprn に一致するように
match 文を記述するか、あるいは、_ というケースを記述してあらゆるケースに一致す
るようにしなければエラーになります。

　具体的な例で見てみましょう。match は、たとえば、次のように使います。

```
fn main() {
    let n:i32 = 3;

    let x = n % 2;        // nを2で割った余り
    match x {
        0 => println!("{}は偶数です。", n),
        1 => println!("{}は奇数です。", n),
        _ => println!("{}は偶数でも奇数でもありません。", n),
    }
}
```

　この場合、x の型は i32 になるので、_ を使わない場合、const-exprn で i32::MIN
（i32 の最小値）から i32::MAX（i32 の最大値）まですべてのケースを記述しなければ
なりません。そこで上のプログラムでは、x が 0 か 1 以外のとき（_）というケースを書
いています。しかし、もちろんこのコードが実行されることはありません。なぜなら、n
% 2 を計算した結果である x は必ず 0 か 1 になるからです。

　それにもかかわらず、次のように _ のケースを記述しないとコンパイル時にエラーに
なってしまいます。

```
match x {
    0 => println!("{}は偶数です。", n),
    1 => println!("{}は奇数です。", n),
}
```

　そこで、無理やり「_ => println!("{}は偶数でも奇数でもありません。", n),」とい
うコードを記述したのですが、これは実行されないので無駄です。そういう場合は、次
のようにすることができます。

```
fn main() {
    let n:i32 = 3;

    let x:i32 = n % 2;        // nを2で割った余り
    match x {
        0 => println!("{}は偶数です。", n),
```

```
            1 => println!("{}は奇数です。", n),
            _ => (),
        }
    }
```

　上記のようにどれも一致しない場合の処理として何もしないことを意味する「 _ =>
()」を返すようにします。

　もう 1 つの解決方法は、調べる値が偶数か奇数の 2 種類しかないので、2 種類の値
（true か false）だけを持つことができるブール値（boolean）に判定結果を保存して
次のようにする方法です。

```
fn main() {
    let n:i32 = 3;

    let b = (n % 2)==0;      // nを2で割った余りはtrueか？
    match b {
        true => println!("{}は偶数です。", n),
        false => println!("{}は奇数です。", n),
    }
}
```

　代入を省いて次のようにすればさらにスマートになります。

```
fn main() {
    let n:i32 = 3;

    match (n % 2)==0 {       // nを2で割った余りはtrueか？
        true => println!("{}は偶数です。", n),
        false => println!("{}は奇数です。", n),
    }
}
```

　match 文で条件式に値の範囲を指定することもできます。1 〜 9 の範囲を「1..=9」
で指定する例を次に示します。

```
fn main() {

    let n:u16 = 3;

    match n {
        0 => println!("{}はゼロです。", n),
        1..=9 => println!("{}は10未満の整数です。", n),
        _ => println!("{}は10以上の整数です。", n),
    }
}
```

また、「|」を使って条件式に複数の値を指定することもできます。10以下の奇数と偶数の範囲を指定する例を次に示します。

```
fn main() {
    let n:u16 = 3;

    match n {
        0 => println!("{}はゼロです。", n),
        1|3|5|7|9 => println!("{}は10以下の奇数です。", n),
        2|4|6|8|10 => println!("{}は10以下の偶数です。", n),
        _ => println!("{}は11以上の整数です。", n),
    }
}
```

4.2 繰り返し

通常、繰り返しには for 文、while 文、loop 文を使います。

◆ for 文 ◆

for 文は、何らかの作業を一定の回数だけ繰り返して実行したいときに使います。
for 文の基本的な使い方は次の書式で使う方法です。

```
for var in range {
    stat
}
```

var は後の *range* に含まれている要素を保存する変数、*range* は繰り返す範囲、*stat* は繰り返し実行するステートメントです。

> **Note**
> *range* は配列（厳密には配列のイテレータ）のような複数の要素を含む値でもかまいません。
> 配列の例は第 5 章で示します。

1 から 9 までの 2 乗の値を出力するコードの例を次に示します。

```
fn main() {
    for i in 0..10 {
        println!("{}の2乗は{}", i, i*i);
    }
}
```

「0..10」は 0 から 9 までの範囲の整数を表します（10 が含まれないことに注意してください）。i には繰り返しごとに、1、2、3、……という整数が入ります。

このコードを実行すると次のように出力されます。

```
0の2乗は0
1の2乗は1
2の2乗は4
3の2乗は9
4の2乗は16
5の2乗は25
6の2乗は36
7の2乗は49
8の2乗は64
9の2乗は81
```

0 から 10 までの範囲を指定したいときには *range* を「0..=10」にします。

```
fn main() {
    for i in 0..=10 {
        println!("{}の2乗は{}", i, i*i);
    }
}
```

for 文も if 文と同様に式として使って結果を返すことができます。for 文が返した値を変数 x に保存する例を次に示します（あとで説明する while 文や loop 文も同様です）。

```
fn main() {
    let x = for i in 0..10 {
        println!("{}の2乗は{}", i, i*i);
    };
    println!("{:?}", x);
}
```

for 文の中に別の for 文を記述する（for 文を**ネスト**する）こともできます。1 ～ 9 までの階乗の値を出力するコードの例を次に示します。

```
fn main() {
    for i in 1..10 {
        let mut v = 1;
        for j in 2..=i {
            v = v * j
        }
        println!("{}の階乗は{}", i, v);
    }
}
```

このプログラムを実行すると次のように出力されます。

```
1の階乗は1
2の階乗は2
3の階乗は6
4の階乗は24
5の階乗は120
6の階乗は720
7の階乗は5040
8の階乗は40320
9の階乗は362880
```

break を使って繰り返し処理を終了することができます。

以下の例では、i が 5 より大きくなったらループ処理を終了します。

```
fn main() {
    for i in 0..10 {
        if i > 5 {
            break
        }
        println!("{}", i);
    }
}
```

ラベルを使えば、多重ループの内側の for 文から外側の for 文を超えて抜け出ること
もできます。

ラベルは先頭を単一引用符（'）にします。ネストの内側の for ループから looptop というラベルにジャンプする例を次に示します。

```
fn main() {
'looptop:
    for i in 0..4 {
        for j in 0..4 {
            if i == 1 && j == 2 {
                break 'looptop;
            }
            println!("{} {}", i, j);
        }
    }
}
```

このプログラムを実行すると次のように出力されます。

```
0 0
0 1
0 2
1 0
1 1
```

for ループの中で continue を使うことで、以降のコードを実行せずにループの先頭に戻ることができます。次の例は「i % 2 == 0」の場合（i が偶数の場合）にあとの println!() を実行しないでループの先頭に戻ります。

```
fn main() {
    for i in 0..10 {
        if i % 2 == 0 {
            continue
        }
        println!("{}", i);
    }
}
```

このプログラムを実行すると、次のように奇数だけが出力されます。

```
1
3
5
7
9
```

配列の各要素に対してコードを繰り返すときにも for 文を使うことができます。

次の例では、配列 fruits の各要素に対して println!() を実行して配列の内容を出力します。このとき、iter() を使ってイテレータ（iterator、反復子）を取得します。

```
fn main() {
    let fruits = ["りんご", "みかん", "バナナ"];
    for x in fruits.iter() {
        println!("{}", x);
    }
}
```

このプログラムを実行すると次のように出力されます。

```
りんご
みかん
バナナ
```

ベクター（Vector）でもまったく同じようにイテレータを使うことができます。

```
fn main() {
    let fruits = vec!["りんご", "みかん", "バナナ"];
    for x in fruits.iter() {
        println!("{}", x);
    }
}
```

　for 文で記述した変数を実際には使わないことがよくあります。たとえば、次のプログラムは「Hello!」を 3 回出力します。

```
fn main() {
    for i in 1..4 {
        println!("Hello!");
    }
}
```

　このプログラムは実行できますが、変数 i を使っていないのでコンパイル時に警告が報告されます。このような使わない変数名は先頭をアンダースコア（_）にすると警告を防ぐことができます。

```
fn main() {
    for _i in 1..4 {
        println!("Hello!");
    }
}
```

　あるいは次のように「_」だけにすることもできます。

```
fn main() {
    for _ in 1..4 {
        println!("Hello!");
    }
}
```

◆ while 文 ··· ◆

Rust の while 文の形式は次の通りです。

```
while expr {
    statement
}
```

while 文の *expr* は繰り返しを継続するかどうかを決定する条件式で、*expr* が真（True）である限り *statement* を繰り返し実行します。

while 文を使って 0 から 9 までの値を出力するプログラムの例を次に示します。

```
fn main() {
    let mut i = 0;
    while i < 10 {
        println!("{}", i);
        i = i + 1;
    }
}
```

◆ loop 文 ··· ◆

loop 文で無限ループを作ることができます。

```
loop {
    statement
}
```

このコードは、*statement* が無限に繰り返し実行されます。

一般的には、loop 文はループの中に if 文を使った条件分岐を書くことでループを終了します。

```
loop {
    if expr {
        statement
        break;
    }
}
```

この場合、*expr* は条件式で、*expr* が偽（false）である限り、*statement* が繰り返して実行されます。

次に示すのは、i の値が 5 を超えるまで繰り返し i の値を出力するプログラムの例です。

```
fn main() {
    let mut i = 0;
    loop {
        println!("{}", i);
        i = i +1;
        if i > 5 {
            break;
        }
    }
}
```

Note

無限ループは、break でループから抜けるか、std::process::exit(1); で終了するか、あるいは、ユーザーが Ctrl キーを押しながら C キーを押したり OS のコマンドでプロセスを停止してプログラムを停止するなど、何らかの手段で終了させる必要があります。無限ループは GUI アプリやサーバーなどでよく使われます。

■ 練習問題 ■

4.1　キーボードから入力された整数が、奇数であるか偶数であるか調べるプログラムを if 文を使って作成してください。

4.2　入力された整数が、ゼロか、負の数か、10 未満の正の数か、10 以上の正の数かを調べて結果を表示するプログラムを作ってください。

4.3　入力された整数の階乗を計算するプログラムを while を使って作ってください。

第 5 章

複雑なデータ型

第 2 章では単純なデータ型について説明しました。この章では、より複雑な構造で情報を持つ、ベクター、ハッシュマップ、構造体、列挙型などについて説明します。

5.1 タプルと配列

ここではタプルと配列という 2 種類のプリミティブな複合型（Compound Type）について説明します。

◆ タプル

タプル（tuple）は、複数の異なる型の値を 1 つのグループにすることができる複合型です。

タプルの値は (～) で囲んで表現します。タプルの長さ（保存する要素の数）は任意で、要素の型は異なっていてもかまいません。

```
let t1 = (12, 24);
let t2 = (50, 0.8, 12);
let t3 = (23.0, "Hello", 88, 'あ');
```

タプルの長さはいったん決定すると変更することはできません（値の数を増やしたり減らすことはできません）。

タプルの個々の要素には、最初の要素は t.0、2 番目の要素は t.1、3 番目の要素は t.2 のようにピリオド（.）を使ってアクセスします。

```
fn main() {
    let t1: (i32, f64, u8) = (50, 0.8, 12);
    let t2 = (123, 2.3, 10);
    println!("{} {} {}", t1.0, t2.1, t1.2);
    println!("{} {} {}", t2.0, t2.1, t2.2);
}
```

上のプログラムの実行結果は次のようになります。

```
50 2.3 12
123 2.3 10
```

また、タプルから新しいタプルを作ることもできます。

```
fn main() {
    let t2 = (123, 2.3, 10);
    let (x, y, z) = t2;
    println!("{} {} {}", x, y, z);
}
```

タプルのような複合型の値は、println!("{:?}", t); のように書式で {:?} を指定することで全体を出力することができます。

```
fn main() {
    let t: (i32, f64, u8) = (50, 0.8, 12);
    println!("{:?}", t);
}
```

上のプログラムの実行結果は次のようになります。

```
(50, 0.8, 12)
```

mut を使って宣言したタプルの中に保存した値は、同じデータ型であれば変更できます。

```
fn main() {
    let mut t = (12, 24);
    println!("{:?}", t);    // 「(12, 24)」と出力される
    t.0 = 23;
    println!("{:?}", t);    // 「(23, 24)」と出力される
}
```

```
let mut t = (123, 2.3, 10);      // t.1には実数が入る
t.1 = "hello";                   // もともと実数値だったt.1に
                                 // 文字列を入れようとするとエラー
```

変数を使ってタプルの要素にアクセスすることはできません。

```
fn main() {
    let t1: (i32, f64, u8) = (50, 0.8, 12);
    let n = 1;
    println!("{}", t1.n);  // エラーになる
}
```

◆ **配列** ....◆

　配列（array）は同じ型の要素を並べたものです。Rust の配列は長さ（要素数）をいったん決めると変えることができません。

　変数を宣言して値をセットするときには、値の並びを [～] で囲みます。次に示すのは、1 ～ 5 という値を持つ要素が 5 個の配列 a を作成する例です。

```
let a = [1, 2, 3, 4, 5];
```

次のようにして要素のデータ型と要素数を指定することもできます。

```
let a: [i32; 5] = [1, 2, 3, 4, 5];
```

要素の値と要素数を指定して初期化することもできます。

```
let a = [3; 5];
```

これは「let a = [3, 3, 3, 3, 3];」としたのと同じ効果があります。
次のように型を明示的に指定して配列を作ることもできます。

```
let mut data = [0 as u8; 6];    // 6バイトのu8型配列を作る
```

次に実行できる例を示します。

```
fn main() {
    let mut data = [0 as u8; 6];    // 6バイトのu8型配列を作る

    data[1] = 12;
    data[3] = 34;
    data[5] = 56;

    println!("data={:?}", data);  // 「data=[0, 12, 0, 34, 0, 56]」
}
```

各要素にはインデックス（添え字）でアクセスすることができます。

```
println!("{} {}", a[0], a[1]);   // 最初と2番目の要素を表示する
```

配列の要素数 – 1 より大きな値をインデックスに指定すると、コンパイル時にコンパイルエラーになるか、あるいは、実行時にパニック（panic）が発生します。

```
fn main() {
    let a = [1, 2, 3, 4, 5];

    let x = a[10];           // エラー
    println!("{}", x);
}
```

実行時にならないとアクセスする要素のインデックスが決定しない場合は、コンパイル時にはエラーとして検出されず、実行時にパニックが発生します。この点には注意が必要です。

for 文の *range* の代わりに配列のイテレータを指定することで配列の要素に繰り返してアクセスすることができます。

```
fn main() {
    let a = [1,3,5,7,9];
    for i in a.iter() {      // 「for i in a {」ではエラーになる
        println!("{}の2乗は{}", i, i*i);
    }
}
```

もちろん、for 文の *range* に配列の要素数を指定して繰り返してもかまいません。配列に 5 個の整数値を保存して表示する例を次に示します。

```
fn main() {
    const NDATA:usize = 5;
    let mut data = [0; NDATA];
    for i in 0..NDATA {
        data[i] =i;
    }
    println!("{:?}", data);
}
```

5.2　ベクター

ベクター（Vector）は同じ型の複数の値を保存できるコンテナです。

◆ ベクターの概要 ·· ◆

ベクターは複数の要素を保存できるという点で配列に似ていますが、要素を追加したり取り出したりして要素数を変更できるという点で配列より広い用途があります。その反面、実行時の速度は配列より遅くなる傾向があります。

◆ ベクターの使い方 ･･

　ベクターを作成して値を保存する最も単純な方法は、マクロ vec! を使って次のように
する方法です。

```
let v = vec![1, 3, 5, 7, 9];
```

　これで、1 〜 9 までの整数の中の奇数を要素とするベクターができます。
　ベクターの中の要素にアクセスするときには、**インデックス**（添え字）を使います。
インデックスはゼロから始まります。

```
int n = v[2];    // vの中の3番目の要素
```

　ベクターの中の要素数は len() で調べることができます。

```
let nv = v.len();    // vの要素数を調べる
```

　ベクターに要素を追加したり削除する場合は、可変の変数として宣言します。

```
let mut v = vec![1, 2, 3, 4, 5];
```

　ベクターの最後に要素を追加するときには push() を使います。

```
v.push(11);    // 要素を追加する
```

　また、ベクターの末尾の要素を取り出すときには pop() を使います。

```
let x = v.pop();   // 要素を取り出す
```

　要素を取り出したら、取り出した要素がベクターから取り除かれて要素数が 1 個減る
ことに注意してください。このような push() や pop() で値を入れたり取り出したりす

る構造を**スタック**といいます。

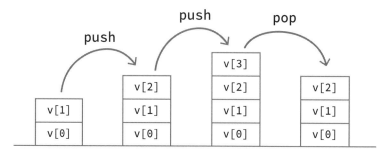

図5.1●スタック

　要素数を変えずに単に要素の値を取得したいときにはインデックスで参照する方法（v[n]）を使います。

　さらに、最初の要素は first() で、最後の要素は last() で取り出すことができます。

```
let v0 = v.first();
let vl = v.last();
```

　次の表にベクターに作用するメソッドをまとめて示します。

表5.1●ベクターのメソッド

メソッド	機能
len()	ベクターの長さ(要素数)を返す。
push()	ベクターに引数の要素を追加する。
pop()	ベクターの最後の要素を取り出す。
first()	ベクターの最初の要素を返す(サイズは変わらない)。
last()	ベクターの最後の要素を返す(サイズは変わらない)。

　たとえば、次のように使います。

```
fn main() {
    let mut v = vec![1, 2, 3, 4, 5];
    let n = v[2];    // vの中の3番目の要素
    println!("vのサイズ={}", v.len());
    println!("v={:?}", v);
    println!("v[2]={}", n);

    v.push(11);
    println!("push()後のvのサイズ={}", v.len());
    println!("push()後のv={:?}", v);

    let x = v.pop();
    println!("pop()後のvのサイズ={}", v.len());
    println!("pop()後のv={:?}", v);
    println!("pop()後のx={:?}", x);

    println!("v.first()={:?}", v.first());
    println!("v.last()={:?}", v.last());
    println!("vのサイズ={}", v.len());
}
```

このプログラムを実行すると、次のように出力されます。

```
vのサイズ=5
v=[1, 2, 3, 4, 5]
v[2]=3
push()後のvのサイズ=6
push()後のv=[1, 2, 3, 4, 5, 11]
pop()後のvのサイズ=5
pop()後のv=[1, 2, 3, 4, 5]
pop()後のx=Some(11);
v.first()=Some(1);
v.last()=Some(5);
vのサイズ=5
```

ベクターの要素が文字列など他の型の要素であっても使い方は同じです。文字列をベクターに保存して使う例を次に示します。

```
fn main() {
    let mut v = vec!["Hello", "Dogs", "Happy", "Smart"];
    println!("v={:?}", v);
    println!("v[2]={}", v[2]);

    v.push("ポチ");
    println!("push()後のvのサイズ={}", v.len());
    println!("push()後のv={:?}", v);
}
```

5.3　ハッシュマップ

ハッシュマップ（Hash Map）は、キーと値のペアを複数保存する構造です。

◆ ハッシュマップの概要

ハッシュマップは、キーと値という 2 つの情報をペアにして、それを複数保存するための構造です。

キーを重複することはできません。そのため、多数の要素の中からキーで値を素早く検索することができます。文字列など任意の型の値をインデックスにしてアクセスできるベクターであると考えることもできます。

ハッシュマップには次のようなメソッドを使うことができます。

表5.2●ハッシュマップの主なメソッド

メソッド	機能
new()	新しいハッシュマップを作る
with_capacity()	指定した容量の空のハッシュマップを作る。
capacity()	保存可能な要素数を返す。
keys()	ハッシュマップのキーのイテレーターを返す。

メソッド	機能
values()	ハッシュマップの値のイテレーターを返す。
values_mut()	ハッシュマップの変更可能な(mutable)値のイテレーターを返す。
iter()	ハッシュマップのキーと値のイテレーターを返す。
iter_mut()	ハッシュマップのキーと変更可能な値のイテレーターを返す。
len()	ハッシュマップの長さを返す。
is_empty()	ハッシュマップが空であればtrueを返す。
clear()	ハッシュマップを空にする。
insert()	ハッシュマップにキーと値のペアを保存する。
remove()	ハッシュマップの要素をキーを指定して削除する。

◆ ハッシュマップの作成

ハッシュマップ（HashMap）は std::collections に含まれています。そのため、ハッシュマップを作成する前にこれを使うことを宣言します。

```
use std::collections::HashMap;
```

空のハッシュマップを作成するときの書式は、次の通りです。

```
let mut boys = HashMap::new();
```

こうしてできるハッシュマップは長さゼロのハッシュマップです。

作成したハッシュマップには次のようにしてキーと値を指定して insert() を呼び出すことで要素を保存することができます。

```
boys.insert(String::from("ポチ"), 6);
boys.insert(String::from("犬太"), 16);
boys.insert(String::from("Tommy"), 14);
```

これで自動的にハッシュマップの長さは 3 になります（長さをあらかじめ増やす必要はありません）。

　for 文を使って次のようにすることでキーと値のペアをすべて出力することができます。

```
for (key, value) in &boys {
    println!("{}: {}", key, value);
}
```

　次のようにしてもハッシュマップのキーと値をすべて出力することができます。

```
for (key, val) in boys.iter() {
    println!("key: {} val: {}", key, val);
}
```

　キーだけをすべて出力したい場合には、次のように keys() を使います。

```
for key in boys.keys() {
    println!("{}", key);
}
```

　特定のキーに対応する値は get() を使って取得できます。たとえばキーが "ポチ" である要素の値を出力するには次のようにします。

```
let name = String::from("ポチ");
println!("ポチ={:?}", boys.get(&name));
```

また、キーを直接指定して値にアクセスすることもできます。

```
println!("ポチの年齢={:?}", boys["ポチ"]);
```

作成したハッシュマップの中の要素は、キーと値を指定して insert() を呼び出して値を上書きすることで値を変更することができます。

```
boys.insert(String::from("ポチ"), 8);
```

実行できるプログラムの例を次に示します。

```
use std::collections::HashMap;

fn main() {
    let mut boys = HashMap::new();

    boys.insert(String::from("ポチ"), 6);
    boys.insert(String::from("犬太"), 16);
    boys.insert(String::from("Tommy"), 14);

    for (key, value) in &boys {
        println!("{}: {}", key, value);
    }
    println!("boys={:?}", boys);
    let name = String::from("ポチ");
    println!("ポチ={:?}", boys.get(&name));

    boys.insert(String::from("ポチ"), 8);
    println!("ポチ={:?}", boys.get(&name));
}
```

5.4　構造体

構造体はフィールドと呼ばれる要素の集まりです。

◆ 構造体の概要

構造体は、1 つの中に複数の値を保持するものです。通常、構造体は、名前（フィールド名）と型を持つ**フィールド**を複数持ちます。しかし、一時的に使うような構造体では、フィールド名を省略することができます。

構造体は、構造体の値に作用する関数（**メソッド**ともいう）を持てるという点で、オブジェクト指向プログラミング言語のクラスに似ています。C 言語や C++ のプログラミングの経験がある場合は、C/C++ の構造体とは異なるものとして認識することが重要です。

◆ 構造体の定義

構造体は次の形式で定義します。

```
struct Name {
    FieldDecl
}
```

Name には構造体の名前を指定します。*FieldDecl* は構造体のフィールド定義で、フィールド名と型を指定します。たとえば、id: String, や age: i32, などになります。

構造体の名前が Member で、id という名前の String 型のフィールド、name という名前の String 型のフィールド、age という名前の i32 型のフィールドがある構造体の例を示します。

```
// Member - メンバーの構造体
struct Member {
```

```
    id: String,
    name: String,
    age: i32,
}
```

◆ 構造体の使い方 ·· ◆

次のように各フィールドの値を指定して構造体型の値を作ることができます。

```
let m = Member{
    id: String::from("A0101"),
    name: String::from("Pochi"),
    age: 12,
};
```

構造体の個々のフィールドにアクセスするときには、ピリオド（.）を使って次のように
にアクセスします。

```
println!("id={:?}", m.id);
println!("name={:?}", m.name);
println!("age={:?}", m.age);
```

実行できるプログラム全体は次のようになります。

member.rs

```
// member.rs

// Member - メンバーの構造体
struct Member {
    id: String,
    name: String,
    age: i32,
}
```

```
fn main() {
    let m = Member{
        id: String::from("A0101"),
        name: String::from("Pochi"),
        age: 12,
    };

    println!("id={:?}", m.id);
    println!("name={:?}", m.name);
    println!("age={:?}", m.age);
}
```

　構造体変数を作成するときに mut を指定することで、変数を作成した後で個々のフィールドに別の値を設定することもできます。

```
// Member - メンバーの構造体
struct Member {
    id: String,
    name: String,
    age: i32,
}

fn main() {
    let mut m = Member{
        id: String::from("A0101"),
        name: String::from("Pochi"),
        age: 12,
    };

    // 値を変更する
    m.name = String::from("Pochi");
    m.age = 14;

    println!("id={:?}", m.id);
    println!("name={:?}", m.name);
    println!("age={:?}", m.age);
}
```

◆ 構造体を持つ構造体 ·· ◆

構造体のメンバーにはさまざまな型を使うことができます。たとえば、構造体のメンバーを別の構造体にすることもできます。

たとえば、円の中心座標と半径を保存する構造体を作成するものとします。

最初に中心座標を保存する構造体 Point を定義します。

```
// Point 構造体–座標(X,Y)を保持
struct Point {
    x: i32,
    y: i32,
}
```

そして、この構造体を保存し、さらに半径を保存する円の構造体を定義します。

```
// Circle – 円の構造体
struct Circle {
    center: Point,    // 中心座標
    radius: i32,      // 半径
}
```

円の値は次のようにして作ることができます。

```
    let c = Circle{
        center: Point{x:10, y:20},
        radius: 25,
    };
```

座標値にアクセスするためには、次の形式でアクセスします。

円の構造体変数 . 円の構造体メンバー . 座標の構造体メンバー

この例ではこれは次のようになります。

```
c.center.x          // 円のX座標
c.center.y          // 円のY座標
```

この式は、たとえば次のように使います。

```
println!("(x,y)=({},{})", c.center.x, c.center.y);
```

必要に応じていったん Point 構造体の変数 p に保存して次のようにしてもかまいません。

```
let p = c.center;
println!("(x,y)=({},{})", p.x, p.y);
```

実行できるプログラム全体を次に示します。

Circle.rc

```
// Circle.rc

// Point 構造体-座標(X,Y)を保持
struct Point {
    x: i32,
    y: i32,
}

// Circle － 円の構造体
struct Circle {
    center: Point,   // 中心座標
    radius: i32,      // 半径
}

fn main() {
    let c = Circle{
        center: Point{x:10, y:20},
        radius: 25,
    };
```

```
        println!("(x,y)=({},{})", c.center.x, c.center.y);
        println!("半径={}", c.radius);
    }
```

これを実行すると、次のように出力されます。

```
(x,y)=(10,20)
半径=25
```

◆ ジェネリック構造体

任意の型の値を扱えるようにする仕組みを**ジェネリック**といいます。

任意の型の値を保存する構造体を作ることができ、**ジェネリック構造体**といいます。

ジェネリック構造体を作るには、引数を < ～ > で囲って、値の型をT、U、V、……で指定します。

任意の型の値を2つ保存できるジェネリック構造体とその使用例を次に示します。

```
struct Point<T, U> {
    x: T,
    y: U,
}

fn main() {
    let p1 = Point { x: 20, y: 10 };
    let p2 = Point { x: 5, y: 6.0 };

    println!("p1.X={},p1.y={}", p1.x, p1.y);
    println!("p2.X={},p2.y={}", p2.x, p2.y);
}
```

異なる3種類の型の値を保存できるジェネリック構造体とその使用例を次に示します。

```
struct Position<T, U, V> {
    x: T,
    y: U,
    z: V,
}

fn main() {
    let pos = Position { x: 5.0, y: 10, z:20.5 };

    println!("X={},y={},z={}", pos.x, pos.y, pos.z);
}
```

◆ 共用体

共用体は、メンバーが同じメモリ領域を使用するデータ構造です。

たとえば、次の例では共用体 MyData は、u16 型の va と u32 型の vb が同じメモリ上に配置されます。そして、vb をゼロに設定しているので、32 ビットすべてがゼロになり、そのうちの 16 ビットを占める va もゼロになります。

```
union MyData {
    va: u16,
    vb: u32,
}

fn main() {
    let v = MyData {vb: 0 };

    unsafe {
        println!("v.va={}", v.va);      // v.va=0
        println!("v.vb={}", v.vb);      // v.vb=0
    }
}
```

共用体はたとえば C 言語のコードを利用するようなときに限って使われる、安全でないデータ構造なので、unsafe ブロックでアクセスします。

5.5 列挙型

列挙型は一連の値を定義した型です。

◆ 列挙型の概要

列挙型（enum）は、特定の型の一連の値、または、異なる型の一連の値（関数などを含む）を定義した型です。

整数のように一定の範囲の特定の値（整数）を持つ型も列挙型とみなすことができます。たとえば、i32 は、i32::MIN（i32 の最小値）から i32::MAX（i32 の最大値）までの整数値を持つ列挙型です。

列挙型は math 文でよく使われます。

◆ 列挙型の使い方

犬の種類を表す列挙型の定義例を次に示します。

```
enum DogKind {
    AKITAINU,    // 秋田犬
    SHIBAINU,    // 柴犬
    RETRIEVER,    // レトリバー
}
```

これは DogKind という型が、3 種類の値（AKITAINU、SHIBAINU、RETRIEVER）を持つ型として定義されました。それぞれの値を**列挙子**といいます。

DogKind の列挙子のインスタンスは次のようにして生成することができます。

```
let dog1 = DogKind::AKITAINU;
let dog2 = DogKind::SHIBAINU;
```

この場合、DogKind::AKITAINU で秋田犬を、DogKind::SHIBAINU で柴犬を表し

ます。

この型は、たとえば次のように match 文で使うことができます。

```
match dog1 {
    DogKind::AKITAINU => println!("秋田犬"),
    DogKind::SHIBAINU => println!("柴犬"),
    DogKind::RETRIEVER => println!("レトリバー"),
}
```

定義したもののプログラムの中でインスタンスを作成していない列挙子があると、コンパイル時に警告が表示されます。次のプログラムを実行すると、「warning: variant is never constructed: `RETRIEVER`」という警告が報告されます。

```
// 列挙型
enum DogKind {
    AKITAINU,    // 秋田犬
    SHIBAINU,    // 柴犬
    RETRIEVER,   // レトリバー
}

fn main() {
    let dog1 = DogKind::AKITAINU;
    let dog2 = DogKind::SHIBAINU;

    match dog1 {
        DogKind::AKITAINU => println!("秋田犬"),
        DogKind::SHIBAINU => println!("柴犬"),
        DogKind::RETRIEVER => println!("レトリバー"),
    }

    match dog2 {
        DogKind::AKITAINU => println!("秋田犬"),
        DogKind::SHIBAINU => println!("柴犬"),
        DogKind::RETRIEVER => println!("レトリバー"),
    }
}
```

◆ 列挙子の型とパラメータの数 ⋯⋯⋯⋯⋯⋯⋯⋯⋯⋯⋯⋯⋯⋯⋯⋯⋯ ◆

次のように、列挙子に種類の異なる型を指定したり、列挙子に複数の値を持つように
指定することができます。

```
enum Command {
    Quit,
    Move { x: i32, y: i32 },
    Write(String),
    SetColor(i32, i32, i32),
}
```

この enum には、異なる型の列挙子が 4 つあります。Quit は単なる 1 つの値です。
Move は名前のない（匿名）構造体を含みます。Write は String オブジェクトを含みます。
SetColor は、3 つの i32 値（この場合は RGB 値を想定）を含みます。

次の例では Command::Quit 以外（Move、Write、SetColor）はインスタンスを作
成してないので、警告が報告されます。

```
// 列挙型
enum Command {
    Quit,
    Move { x: i32, y: i32 },
    Write(String),
    SetColor(i32, i32, i32),
}

fn main() {
    let cmd = Command::Quit;

    match cmd {
        Command::Quit => println!("Quit"),
        _ =>  println!("その他のコマンド"),
    }
}
```

このプログラムで、「let cmd = Command::Quit;」の行を次の行に置き換えると、「その他のコマンド」と出力されるようになります（警告は依然として表示されます）。

```
let cmd = Command::Write(String::from("Hello"));
```

次のようにしてすべてのフィールドを利用することで警告は出力されなくなります。

```
enum Command {
    Quit,
    Move { x: i32, y: i32 },
    Write(String),
    SetColor(i32, i32, i32),
}

fn main() {
    let cmnds = vec![
        Command::Quit,
        Command::Move {x: 20, y: 30},
        Command::Write(String::from("Hello")),
        Command::SetColor {0:127, 1:127, 2:127}
    ];

    for cmd in cmnds.iter(){
        match cmd {
            Command::Quit => println!("Quit"),
            Command::Move{x, y} => println!("Move {},{}", x, y),
            _ =>  println!("その他のコマンド"),
        }
    }
}
```

◆ ジェネリック列挙型 ･･･ ◆

　すでにジェネリック構造体について説明しましたが、列挙型も任意の型の値を扱うことができるようにジェネリックにすることができます。

　ジェネリック列挙型の2つの例を次に示します。

```
enum Option<T> {
    Some(T),
    None,
}

enum Result<T, E> {
    Ok(T),
    Err(E),
}
```

　Result型とOption型については第6章「関数とマクロ」の6.2節「ResultとOption型」で関数の戻り値として使う方法を解説します。

■ 練習問題 ■

5.1 5 人分の名前をベクターに保存してから、1 行に 1 人ずつすべての名前を出力する
プログラムを作ってください。

5.2 文字列の ID と E メールアドレスを保存するハッシュマップを作成してデータを保
存し、1 行に 1 件ずつ出力するプログラムを作ってください。

5.3 三次元の座標 (x, y, z) を保存する構造体を定義してデータを一組作成して出力する
プログラムを作ってください。

第6章

関数とマクロ

この章では、関数とマクロについて解説します。

6.1　関数

関数は、何らかの処理を行って必要に応じて結果を返す、名前が付けられた呼び出し可能な一連のプログラムコードです。

◆ 関数の定義 ··· ◆

関数の定義には fn キーワードを使います。関数の一般的な書式は次の通りです。

```
fn name([args:type]) [->(returns)] {
    statement,
    expr
}
```

name は 関 数 の 名 前、*args* は 関 数 の 引 数、*returns* は 関 数 の 戻 り 値 の 型、*statement* はその関数で実行する文です。引数と戻り値は省略することができます。また、引数と戻り値はカンマ（,）で区切って複数記述することができます。関数の戻り値 *expr* は最後の文として記述するか前に return を付けて記述します。戻り値のない関数を作ることもできます。

最も基本的な関数は、引数が 1 つで戻り値のない関数です。引数の整数値を「値はx」の形式で出力する関数 printi32() を定義する例を次に示します。

```
fn printi32(n: i32) {
    println!("値は{}", n);
}
```

n はこの関数の引数で n の直後の i32 は n の型です。

次に単純なのは、引数が 1 つで戻り値が 1 つの関数です。引数の値を 2 倍にして返す関数 twice() を定義する例を次に示します。

```
fn twice(n: i32) ->i32 {
    2 * n
}
```

nはこの関数の引数でnの直後のi32はnの型です。twice(n: i32)のあとの->に続くi32は関数の戻り値の型で、->はあとに続く型が戻り値の型であることを示しています。関数の最後の式は関数の戻り値として呼び出し側に返されます。この関数の戻り値として使われる最後の式は行末にセミコロン（;）を書きません。

◆ 関数の使い方

関数を呼び出すときには引数に適切な値を指定して呼び出します。

```
let x = twice(2);
```

twice()を呼び出す実行できるプログラム全体は次のようになります。

```
fn main() {
    let a = 2;
    let x = twice(a);
    println!("a={} x={}", a, x);
}

fn twice(n: i32) ->i32 {
    2 * n
}
```

ここではわかりやすいように関数の呼び出しと、結果を出力するコードを別の行に分けて書きましたが、次のように1行で関数を呼び出してその値を使うこともできます。

```
fn main() {
    let a = 2;
    println!("a={} x={}", a, twice(2));
}
```

　関数が返す値は任意の型で良いので、ブール値（true/false）を返す関数を作ることもできます。次に示すのは、引数の値が偶数である場合に true を、そうでなければ false を返す関数 is_even() とその利用例です。

```rust
fn is_even(n: i32) -> bool {
    (n % 2) == 0
}

fn main() {

    let n = 12;

    if is_even(n) {
        println!("{}は偶数です", n);
    } else {
        println!("{}は奇数です", n);
    }
}
```

　関数を呼び出す側の if 文で、関数の呼び出しを式として評価している点に注目してください。この if 文の条件判断の部分は次のように書き換えても同じですが、上の書き方のほうが単純です。

```rust
if is_even(n) == true {
```

Note　C言語やC++では関数を呼び出す前に関数が定義されている（または関数の定義を書いておく）必要がありますが、Rust ではその必要はありません。関数はそれを呼び出す関数（上の例では main()）の前に書いても後に書いてもかまいません。

◆ 複数の引数を使う関数 ◆

関数の引数は 2 個以上でもかまいません。次の書式で引数を記述します。

```
fn name(arg1: type, arg2: type,...) -> type {
```

name は関数名、*argn* は引数名、*type* はデータ型です。

引数が 2 個の関数とその使用例を次に示します。

```
fn main() {
    let a = 2;
    let b = 3;
    let x = add(a, b);
    println!("a+b={}", x);
}

fn add(a: i32, b: i32) -> i32 {
    a + b
}
```

◆ 複数の戻り値を返す関数 ◆

関数の戻り値も 2 個以上でもかまいません。関数の戻り値を 2 個以上返したいときには、関数名のあとの -> のあとに (～) で囲んだ一連の戻り値を「,」で区切って書きます。また、戻り値を (～) で囲んだ一連の値からなるタプルとして返します。

2 個の引数を受け取り、整数の割り算を行ってその商と余りを返す関数の例を次に示します。

```
fn divid(a: i32, b: i32) -> (i32, i32) {
    (a / b, a % b)
}
```

実行できるコード例を次に示します。

```
fn main() {
    let a = 20;
    let b = 3;
    let (x, y) = divid(a, b);
    println!("a/b={}...{}", x, y);
}

fn divid(a: i32, b: i32) -> (i32, i32) {
    (a / b, a % b)
}
```

◆ return 文

関数の最後に記述した式は関数の値として返すことができますが、関数の途中で値を返すこともできます。関数の途中で値を返したいときには、return の後に式を書きます。

```
return expr;
```

次に示すのは、関数の中の途中で return を使って値を返す関数の例です。return が実行されると、関数の中のそれ以降のコードは実行されません。

```
fn abs(n: i32) -> i32 {
    if n < 0 {              // 値が負なら
        return -n          // 正の値を返す
    }
    n                      // 単に値を返す
}
```

実行できるプログラムの例を次に示します。

absi32.rs

```rust
// absi32.rs
use std::io;

fn main() {
    println!("整数を入力してください。");
    // 標準入力から一行を読み取り、整数にする
    let mut s = String::new();
    io::stdin().read_line(&mut s).ok();
    let v:i32 = s.trim().parse().ok().unwrap();
    let x = abs(v);
    println!("abs({})={}", v, x);
}

fn abs(n: i32) -> i32 {
    if n < 0 {
        return -n
    }
    n
}
```

◆ 参照による引数の受け渡し ······································◆

　プリミティブ型以外の値を関数に引数として渡すときには注意が必要になります。

　次に示すのは、文字列（String）型の引数を受け取って長さを返す関数 get_length() の定義とそれを使う例です。

```rust
fn main() {
    let s = String::from("Hello");
    let x = get_length(s);          // sの所有権がget_length()に移る
    println!("{}の長さ={}", s, x);   // sの所有権がないのでエラーになる
}

fn get_length(x: String) -> usize {
    x.len()
}
```

　この場合、「let x = get_length(s);」を実行すると s の所有権が get_length() に移り、次の println!() を実行するときにはすでにこの関数 main() には s の所有権がないのでエラーになります。

　この問題の 1 つの典型的な対処方法は、関数に値そのものを渡すのではなく、参照を渡す方法です（6.4 節「トレイト」の「所有権とトレイト」で説明するクローンを渡す方法でも対処できます）。

　次のように呼び出し側と呼び出される関数側で、共に変数名に & を付けるだけで値を参照で受け渡すことができます。

```
fn main() {
    let s = String::from("Hello");
    let x = get_length(&s);

    println!("{}の長さ={}", s, x);
}

fn get_length(x: &String) -> usize {
    x.len()
}
```

Note　i32 や f64 のようなプリミティブな型の値は自動的にコピーされて関数に渡されるのでこのような所有権の問題について考慮する必要はありません。

◆ ジェネリック引数の関数 ◆

　関数の引数を任意の型にすることもできます。

　次に示す関数 type_of() は引数の値の型を表す文字列を返します。この引数は 1 個で型は任意です。この場合、引数の値は使いませんが、引数の値の型（T）を使います。

```
fn type_of<T>(_: T) -> &'static str {
    std::any::type_name::<T>()
}
```

typeof は将来使われる予定のキーワードとして予約済みです。そのため、ここでは
関数名を type_of() にしています（将来のバージョンで typeof が定義されることで
しょう）。

　関数 type_of() が返す値は型の名前を示す文字列です。この関数の中で使っている
std::any::type_name は次のように定義されているので、この戻り値をそのままこの
関数の戻り値の型として指定しています。

```
pub fn type_name<T>() -> &'static str
```

この関数は、たとえば次のように呼び出します。

type_of.rs

```
// type_of.rs
// x,yは使っていないのでビルド時に警告が報告されます。

// Point - メンバーの構造体
struct Point {
    x: i32,
    y: i32,
}

fn main() {
    let n = 1;
    println!("{}", type_of(n));  // i32と出力される
    let x = 7.0;
    println!("{}", type_of(x));  // f64と出力される
    let p = Point {x:10, y:20};
    println!("{}", type_of(p));  // type_of::Point
}

fn type_of<T>(_: T) -> &'static str {
```

```
        std::any::type_name::<T>()
}
```

◆ 戻り値を使った所有権の返却

戻り値を使って所有権を呼び出し側に返すようにすることができます。

次の例では upper() を呼び出したときに所有権が upper() に移動しますが、upper() の最後で値（String）が返されるので、呼び出し側はこの文字列の返却を受けて再び利用することができます。

```
fn main() {
    let mut msg = String::from("Hello");
    println!("msg={}", msg);
    msg = upper(msg);               // 所有権がupperに移動する
                                    // 戻り値で所有権を返す
    println!("msg={}", msg);        // msgを再び使うことができる
}

fn upper(s: String) -> String {
    println!("s={}", s.to_uppercase());
    s                               // 受け取ったStringを返す
}
```

◆ クロージャー

名前のない関数である**クロージャー**を作ることができます。クロージャーの書式は次のとおりです。

```
| args | {
    expr;
};
```

args はクロージャーを呼び出すときの引数、*expr* は関数の内容であり実行する文です。

たとえば、次のクロージャーは引数 x を受け取ってその値を出力します。

```
move |x| {
    println!("x={}", x);
};
```

クロージャーは第8章で説明する thread::spawn() のような関数の引数として記述することがあり、その場合は名前を付ける必要はありません。しかし、単独の関数として実行したければ、次のように変数に代入する形で識別できるようにします。

```
let func = |x| {
    println!("x={}", x);
};
```

呼び出し側からの変数も使いたい場合は、クロージャーの前にキーワード move を指定して、呼び出し側の変数の所有権をクロージャーに移動します。

次に示すのは、引数と呼び出し側の変数を使うクロージャーを func に指定して実行するプログラムの例です。

```
fn main() {
    let msg = String::from("Hello");
    let n = 123;
    let func = move |x| {
        println!("{} x={}", msg, x);
    };

    func(n);
}
```

これを実行すると「Hello x=123」と出力されます。

6.2 Result と Option 型

関数は、その関数が行った結果を返すことがよくあり、Rust では関数が返す値の型に Result 型と Option 型がよく使われます。

◆ Result 型 ···◆

Result<T,E> は関数の処理の結果を表す列挙型で、関数が失敗する（一般的には致命的でないエラーが発生する）可能性があるときによく使われます。

```
enum Result<T, E> {
    Ok(T),
    Err(E),
}
```

Ok(T) は関数が意図通りに実行されたときに任意の型 T で値を返すときに使います。エラーが発生した場合は Err(E) でエラーを返します。

次の例は i32 型の 2 つの値を割り算する関数 i32div() の定義です。割る数 m がゼロの場合は割り算ができないのでエラーを返します。

```
fn i32div(n: i32, m:i32) -> Result<i32, &'static str> {
    if m != 0 {
        Ok(n/m)
    } else {
        Err("ゼロで割ろうとしています。")
    }
}
```

上の関数は、たとえば次のように呼び出します。

```
fn main() {
    let n = 8;
```

```
    let m = 2;
    match i32div(n, m) {
        Ok(result) => println!("{}/{}={}", n, m, result),
        Err(msg) => println!("エラー:{}", msg),
    }
}
```

Result の Ok と Err を match 文で扱う上のコードは頻繁に使われる定型パターンとして覚えておくのが良いでしょう。

◆ 関数 main() の戻り値 ◆

プログラムの実行を開始する関数 main() も、他の関数と同じように値を返すことができます。返された値はプログラムを起動した OS が受け取ります。

main() が値を返すようにするには、まず main() の宣言で「-> io::Result<()>」を追加します。

```
fn main() -> io::Result<()> {
```

そして、適切な値を返すようにします。

```
use std::io;

fn main() -> io::Result<()> {
    let x = 0;
    if x > 0 {
        println!("{}は正の数です。", x);
        Ok(())
    } else {
        println!("{}は正の数ではありません。", x);
        Err(io::Error::new(io::ErrorKind::Other, "error!"))
    }
}
```

しかし、一般的には main() は次の例のように何らかの関数を呼び出した後で単に

Ok(()) を返すようにします。

```
use std::io;

fn main() -> io::Result<()> {

    // 何らかの処理 (ここでは例として出力)
    println!("ありゃりゃ");
    Ok(())
}
```

◆ Option 型

Option<T> 型は値がない可能性がある値を表現する列挙型で、値があることを示す Some(T) か、ないことを示す None のどちらかの値をとります。

```
pub enum Option<T> {
    Some(T),
    None,
}
```

Some(T) は関数の中で値があることが確認されたときに任意の型 T で値を返すときに使います。値がない場合は None で値がないことを返します。

次の例は i32 型のベクターの中に指定した値があるかどうかを調べる関数 getvalue() の定義です。ベクターの中に指定した値がない場合は None を返します。

```
fn getvalue(a:&Vec<i32>, n: i32) -> Option<i32> {
    for x in a.iter() {
        if x == &n {
            return Some(n);
        }
    }
    None
}
```

上の関数は、たとえば次のように呼び出します。

```
fn main() {
    let a = vec![1, 3, 5, 7, 9];   // データ群
    let n = 5;                     // 探す値

    match getvalue(&a, n) {
        Some(result) => println!("値{}があります。", result),
        None => println!("値{}はありません", n),
    }
}
```

6.3 メソッド

メソッドは値に作用する一種の関数です。

◆ メソッドの定義 ··· ◆

メソッドは原則的には特定の値を操作する一連のコードなので、特定の値と関連付ける必要があります。そこで、値を保存するための構造体を定義して、その構造体の値に作用する関数としてメソッドを定義します。

たとえば、次のような構造体を定義します。

```
// Point 構造体-座標(X,Y)を保持
struct Point {
    x: i32,
    y: i32,
}
```

この構造体のメンバーの値を (x,y) の形式で出力するためのメソッド print() を作ることにします。

次のようにキーワード impl を使って Point の要素の 1 つとして関数を定義します。

```
impl Point {
    fn print(&self){
        println!("({},{})", self.x, self.y);
    }
}
```

値それ自身に作用させるために print() の最初の引数は必ず &self にする点に注意してください。

◆ メソッドの使い方

メソッドを呼び出すときには、値に対してピリオド（.）に続けてメソッドを記述します。

```
let p = Point {x:10, y:20};
p.print();                      // print()を呼び出す
```

実行できるプログラム全体は次のようになります。

```
// Point 構造体-座標(X,Y)を保持
struct Point {
    x: i32,
    y: i32,
}

impl Point {
    fn print(&self){
        println!("({},{})", self.x, self.y);
    }
}

fn main() {
    let p = Point {x:10, y:20};
```

```
        p.print();
}
```

◆ 引数と戻り値を伴うメソッド .... ◆

ここでは Point 構造体のメンバーの値をそれぞれ n 倍して、その結果としてタプルを返すメソッドを作ります。

前と同様にキーワード impl を使って Point の要素の1つとして関数を定義しますが、このメソッドは n 倍するときの n の値を引数として受け取り、結果をタプルとして返すので、関数の形は次のようにします。

```
fn mult(&self, n:i32) -> (i32, i32){
    （メソッドの内容）；
    （タプルを返す）
}
```

(&self, n:i32) の n は受け取る引数です。-> のあとの (i32, i32) はタプルを返すことを表します。

2倍するコードと返す値であるタプルを作るコードを追加すると、次のようになります。

```
impl Point {
    // 値をn倍するメソッド
    fn mult(&self, n:i32) -> (i32, i32){
        let a = self.x * n;
        let b = self.y * n;
        (a, b)
    }
}
```

実行できるプログラム全体は次のようになります。

```rust
// Point 構造体-座標(X,Y)を保持
struct Point {
    x: i32,
    y: i32,
}

// メソッド
impl Point {
    // 値を出力するメソッド
    fn print(&self){
        println!("({},{})", self.x, self.y);
    }
    // 値をn倍するメソッド
    fn mult(&self, n:i32) -> (i32, i32){
        let a = self.x * n;
        let b = self.y * n;
        (a, b)
    }
}

fn main() {
    let p = Point {x:10, y:20};
    p.print();
    let v = p.mult(2);    // 2倍にする
    println!("{:?}", v);
    let p2 = Point {x:(v.0), y:(v.1)};
    p2.print();
}
```

6.4 トレイト

トレイト（trait）は、構造体にルールを定義します。

◆ トレイトの定義 ···◆

同じ挙動をするメソッドを複数の構造体に記述したい場合があります。

たとえば、犬を表す Dog 構造体と、猫を表す Cat 構造体を作成するとします。たとえ
ば、次のように名前（name）と年齢（age）がある構造体をそれぞれ作ります。

```
struct Dog {
    name: String,
    age: i32,
}

struct Cat {
    name: String,
    age: i32,
}
```

さらに、犬も猫も鳴く（吠える）ので、そのことを示すメソッド cry() を作ることに
します。このとき、どちらも cry() でメソッドを呼び出すので、次のようにトレイト
（trait）を定義します。

```
trait Cry {
    fn cry(&self);
}
```

そしてキーワード impl を使って cry() を実装します。このとき、どの構造体のメソ
ッドであるか（どの値に関連付けたメソッドであるか）を明示するために for で構造体
を指定します。

```
impl Cry for Dog {
    fn cry(&self){
        println!("わんわん");
    }
}

impl Cry for Cat {
    fn cry(&self){
        println!("にゃお");
    }
}
```

◆ トレイトの使い方 ◆

メソッドを呼び出すときには、普通のメソッドを呼び出すのと同じようにインスタンスを作成してから次のように呼び出します。

```
let d = Dog {name:String::from("ポチ"), age:6};
d.cry();

let c = Cat {name:String::from("タマ"), age:4};
c.cry();
```

実行できるプログラム全体は次のようになります。

dogcat.rs

```
// dogcat.rs
struct Dog {
    name: String,
    age: i32,
}

struct Cat {
    name: String,
    age: i32,
```

```
    }

    trait Cry {
        fn cry(&self);
    }

    impl Cry for Dog {
        fn cry(&self){
            println!("わんわん");
        }
    }
    impl Cry for Cat {
        fn cry(&self){
            println!("にゃお");
        }
    }

    fn main() {
        let d = Dog {name:String::from("ポチ"), age:6};
        println!("{}({})", d.name, d.age);
        d.cry();
        let c = Cat {name:String::from("タマ"), age:4};
        println!("{}({})", c.name, c.age);
        c.cry();
    }
```

このプログラムを実行すると、次のように出力されます。

```
ポチ(6)
わんわん
タマ(4)
にゃお
```

◆ ジェネリックなメソッド

ジェネリック構造体に作用するメソッドを実装することができます。

ここでも Point 構造体を使って説明します。

```
struct Point<T, U> {
    x: T,
    y: U,
}
```

このデータを表示するためのジェネリックなメソッド print() を作ることにしましょう。

まず、トレイトを定義します。

```
trait Printdata { fn print(&self); }
```

そして、for Point<T, U> に対する Printdata を定義します。このとき、キーワード where を使って、2 個の変数の型の制約を「T: std::fmt::Display, U: std::fmt::Display」のように定義します。これはどんな型でもよいというわけではなく、std::fmt::Display を実装している型、いいかえれば {} で出力できる型に制限します。

```
impl<T, U> Printdata for Point<T, U>
        where T: std::fmt::Display, U: std::fmt::Display {
            (Pointの要素を出力するためのコード)
    }
}
```

Point の要素を出力するためのコードは println!() を使った単純なコードです。

```
impl<T, U> Printdata for Point<T, U>
        where T: std::fmt::Display, U: std::fmt::Display {
    fn print(self: &Point<T, U>) {
```

```
        println!("({},{})", self.x, self.y);
    }
}
```

実行できるプログラム全体は次のようになります。

prpoint.rs

```
// prpoint.rs
struct Point<T, U> {
    x: T,
    y: U,
}

trait Printdata { fn print(&self); }
impl<T, U> Printdata for Point<T, U>
        where T: std::fmt::Display, U: std::fmt::Display {
    fn print(self: &Point<T, U>) {
        println!("({},{})", self.x, self.y);
    }
}

fn main() {
    let p1 = Point { x: 20, y: 10 };
    let p2 = Point { x: 5, y: 6.0 };

    p1.print();
    println!("p2.X={},p2.y={}", p2.x, p2.y);
}
```

◆ 所有権とトレイト ◆

　関数呼び出しによって値の所有権が移動します。たとえば、次のコードでは、変数 p
に Point 型の値を結び付けていますが、print(p) で関数を呼び出したときに p の値
の所有権が print() に移るので、print(p) を実行した後では p は無効になり p.x と
p.y の参照でエラーが発生します。

```
struct Point {
    x: i32,
    y: i32,
}

fn main() {
    let p = Point {x: 12, y:25};
    // 関数を呼び出す。ここで所有権がprint()に移る
    print(p);
    // 値を出力する。ここではpの所有権はもうないのでエラーになる
    println!("({},{})", p.x, p.y);
}

fn print(p:Point) {
    println!("({},{})", p.x, p.y);
}
```

◆ clone()

　この問題を解決する 1 つの方法は、clone() メソッドを実装することです。次のようにして clone() を実装することで、関数を呼び出す際にクローンを作って関数に渡すことができます。

clone.rs

```
// clone.rs
struct Point {
    x: i32,
    y: i32,
}

// クローンを作れるようにする
impl Clone for Point {
    fn clone(&self) -> Self {
        Point {
            x: self.x.clone(),
            y: self.y.clone(),
```

```
        }
    }
}

fn main() {
    let p = Point {x: 12, y:25};
    // 関数を呼び出す
    print(p.clone());            // クローンを作って関数に渡す
    // 値を出力する
    println!("({},{})", p.x, p.y);
}

fn print(p:Point) {
    println!("({},{})", p.x, p.y);
}
```

self.x.clone() や self.y.clone() を実行することができるのは、Rust のプリミティブ型はすべて Clone と Copy トレイトを実装しているからです。

6.5 マクロ

マクロは、一定の手順をまとめて呼び出せるようにしたものです。

◆ マクロの概要

これまでにも使ってきた、print!()、println!()、format!()、vec!() などのように、名前の最後に！が付けられているものはマクロです。

マクロは、一定の手順をまとめて呼び出せるようにしたもので、関数によく似ていますが、実行時に呼び出されるのではなくコンパイル時に展開されるという点で異なります。

一般的には、関数やメソッドを呼び出すよりもマクロを使うほうが高速であることが期待されますが、状況によってはコードが理解しにくくなり、また、エラーの追跡など

が関数より複雑になる傾向があるので、注意を払って使うべきです。

◆ マクロの定義

Rust のマクロは、ソースコードの中で指定したものと一致するものを、マクロの内容として定義したものに置き換えます。

マクロを定義するには macro_rules! を使います。

```
macro_rules! name {
    (var: disanator) => {rep}
}
```

name はマクロの名前、var は一致させる値、disanator は一致させるものの種類、rep は一致したときに置き換えるもの（マクロの内容）です。

disanator に指定できる指定子を次の表に示します。

表6.1●マクロルールのdisanator

指定子	一致させるもの
block	ブロック
expr	式
ident	識別子
item	アイテム
meta	メタデータ
pat	パターン
path	修飾された名前
stmt	ステートメント
tt	単一のトークン木
ty	型

ここでは、disanator が expr である場合を説明します（他の場合の詳細はドキュメントを参照してください）。

典型的には次のようにして式を一致させます。

```
macro_rules! name {
    ([$x:expr]) => {
        stat
    }
}
```

name はマクロの名前、`$x` は引数、*stat* はマクロの内容です。*stat* の終わりにはセミコロン（;）を付けません（ただし、次の単純な例ではセミコロンを付けてもかまいません）。

たとえば、引数の値を 2 倍するマクロ twice は次のように定義します。

```
macro_rules! twice {
    ($x:expr) => {
        $x * 2
    }
}
```

マクロを使うときには、print!() などと同様に、関数を呼び出すのと同じ形式で使います。

```
twice!(n);
```

Note マクロを呼び出すときの ! のあとの () は、{} でも [] でもかまいませんが、混乱のもとになりがちなので、特に理由がない限り () にします。

実行できるプログラムの例を次に示します。

```
twicemacro.rs
```

```
// twicemacro.rs
macro_rules! twice {
    ($x:expr) => {
        $x * 2
    }
}

fn main() {
    let n = 8;
    println!("{}の2倍は={}", n, twice!(n));
}
```

これは次のコードをコンパイルするのと同じです。

```
fn main() {
    let n = 8;
    println!("{}の2倍は={}", n, n * 2);
}
```

マクロの引数が2個の場合は、引数の名前を $1、$2 のようにして、たとえば次のように定義します。

```
macro_rules! add {
    ($x1:expr, $x2:expr) => {
        $x1 + $x2
    }
}

fn main() {
    let n = 8;
    println!("{}の2倍は={}", n, add!(n, n));
}
```

引数のないマクロを定義することもできます。次の例は引数がなく「Hello, Rust!」と

出力するだけのマクロです。

```
macro_rules! printHello {
    () => {
        println!("Hello, Rust!")
    }
}

fn main() {
    printHello!();
}
```

　型を文字列に変換するマクロ print_type の定義とその使用例を次に示します。stringify!() は std::stringify として定義されているマクロなので、これはマクロの中で複数のマクロを使っている例でもあります。

```
// Point - メンバーの構造体
struct Point {
    x: i32,
    y: i32,
}

// マクロの定義
macro_rules! print_type {
    ( $t:ty ) => (println!("{:?}", stringify!($t)))
}

fn main() {
    print_type!(i32);
    print_type!(f64);
    print_type!(usize);
    print_type!(Point);
}
```

　このプログラムでは定義した Point 構造体を使っていないので、ビルド時にそのことを指摘する警告が出力されます。

■ 練習問題 ■

6.1　整数の階乗を計算返す関数を作り、入力された整数の階乗を計算して出力するプログラムを作成してください。

6.2　幅と高さからなる四角形の構造体 Rect を作り、その面積を計算するメソッドを定義して、それらを使うプログラムを作成してください。

6.3　整数値の絶対値を返すマクロ Abs! を作成してください。

第7章

ライブラリとモジュール

この章では、ライブラリとモジュールについて説明します。

7.1 ライブラリ

ここでは Rust のライブラリ（クレート）について概説します。7.1 と 7.2 の目的は Rust のライブラリの概要と使い方の基本を理解することです。

◆ Rust のライブラリ

プログラミングに利用できるようにあらかじめ用意されている一連の関数や定数などをまとめたものを、一般に**ライブラリ**と呼びます。

Rust にも、標準的で誰もが使うようなものが用意されています。Rust ではあらかじめ公開されているライブラリに相当するものを**クレート**（crate）と呼ぶこともあります。

> **Note**
>
> ライブラリは、プログラミング言語によっては、パッケージやモジュールと呼ぶこともあります。Rust では、クレートは正確には cargo new で生成される単位（Rust でビルドするものをまとめたもの）ですが、ライブラリやパッケージと同じような意味で使われることがあります。パッケージは複数のクレートを含むものを指すことが多いですが、ライブラリと同じような意味で使われることがあります。あとで使い方を説明する rand クレートのような他のプログラムから利用することを前提としたクレートをライブラリクレートと表現することもあります。

標準ライブラリとして機能するクレートの中で最も基本的な std には、プリミティブなデータ型やモジュール、マクロなどが定義されています。また、crates.io にも非常にたくさんのパッケージ（クレート）があります。

◆ ライブラリの使い方

プリミティブなデータ型のメソッドの例として、たとえば、実数（f64）の平方根を求める f64.sqrt() があります。このようなプリミティブ型を使うときには、値のインスタンスを作成して、メソッドを値に作用させます。std に含まれているものは特に準備なくプログラムの中で使うことができます。

```
let f:f64 = 3.45;      // プリミティブ型の値を作る
let val = f.sqrt();    // 平方根を求める
```

実行できるプログラム全体を次に示します。

f64sqrt.rs

```
// f64sqrt.rs
fn main() {
    let f:f64 = 3.45;
    println!("{}の平方根={:?}", f, f.sqrt());  // 平方根を求める
}
```

最初に use 文で std::f64 を使うことを明示的に宣言してもかまいません。

```
use std::f64;

fn main() {
    let f:f64 = 3.45;
    println!("{}の平方根={:?}", f, f.sqrt());  // 平方根を求める
}
```

同じくプリミティブ型の str には、たとえば文字列の中の小文字をすべて大文字に変換する関数 to_uppercase() があります。これはたとえば次のように使います。

```
fn main() {
    let s = "hello, dogs";
    println!("{:?}", s.to_uppercase());
}
```

Note C言語では、平方根を求める sqrt() や大文字に変換する toupper() は、標準Cライブラリ関数として通常は処理系の一部としてコンパイラなどと共に提供されています。また、C言語の場合は、次に説明する乱数を生成する関数も標準Cライブラリ関数として提供されています。

　std 以外の場所にあるライブラリクレートを使うこともできます。たとえば、乱数を生成するときには、rand クレートにある Rng というトレイト（Trait rand::Rng）を使うことができます。乱数を生成するためにこれを使うときには、最初に rand::Rng を使うことを宣言します。

```
use rand::Rng;
```

　そして rand::thread_rng() で乱数ジェネレータを作ってから、メソッド gen_range() を呼び出して乱数を生成します。

```
let mut r = rand::thread_rng(); // 乱数ジェネレータを作る

let v = r.gen_range(1, 11));     // 1～10の範囲の乱数を生成する
```

　1 ～ 10 の範囲の乱数を 3 個生成する実行できるプログラムは次のようになります。

```
use rand::Rng;

fn main() {
    let mut r = rand::thread_rng();
    for _i in 1..6 {
        println!("{}", r.gen_range(1, 11));
    }
}
```

　このプログラムは Rust Playground ではそのまま実行できますが、rustc でコンパイルして実行しようとしてコマンドラインから「rustc filename.rs」でビルドすると、rand をリンクできないのでコンパイルエラーになります。

◆ クレートを使うプロジェクト ◆

　std に標準として提供されているもの以外のクレートを使うプログラムを作成してコンパイルして実行したい場合は次のようにします。

まず、クレートの最新バージョンを「cargo search *name*」で調べます。rand クレートのバージョンを調べる例を次に示します。

```
C:\Rust\ch07>cargo search rand
rand = "0.7.3"                 # Random number generators and other randomness
functionality.
random_derive = "0.0.0"        # Procedurally defined macro for automatically
deriving rand::Rand for structs and enums
ndarray-rand = "0.11.0"        # Constructors for randomized arrays. `rand`
integration for `ndarray`.
fake-rand-test = "0.0.0"       # Random number generators and other randomness
functionality.
rand_derive = "0.5.0"          # `#[derive(Rand)]` macro (deprecated).
rand_core = "0.5.1"            # Core random number generator traits and tools
for implementation.
rand_derive2 = "0.1.5"         # Generate customizable random types with the
rand crate
rand_mt = "3.0.0"              # Reference Mersenne Twister random number
generators.
pcg_rand = "0.11.1"            # An implementation of the PCG family of random
number generators in pure Rust
derive_rand = "0.0.0"          # `#[derive]`-like functionality for the
`rand::Rand` trait.
... and 387 crates more (use --limit N to see more)
```

このとき、必要に応じて最新版が自動的にダウンロードされます。

この場合、「rand = "0.7.3"」であることを確認しておきます（本書執筆時の場合）。

次に、Cargo プロジェクトを作成します。

```
C:\Rust\ch07>cargo new random3 --bin
    Created binary (application) `random3` package
```

Note プロジェクトと Cargo については 1.4 節「プロジェクトとビルド」を参照してください。

　こうして作成した random3 プロジェクトの中の Cargo.toml に次の 1 行を追記します。

```
[dependencies]
rand = "0.7"
```

　ここで、Cargo.toml の [dependencies] セクションに指定するバージョン番号は「0.7.3」ではなくリビジョン番号を省略した「0.7」でかまいません。

Note　一般にバージョン番号を示す「m.n.o」の m をメジャーバージョン番号、n をマイナーバージョン番号、o をリビジョン番号と呼びます（違う呼び方をする場合もあります）。

　そして作成した random3 プロジェクトの中の main.rs（src フォルダにあります）を編集して次のような内容にします。

main.rs

```
// main.rs
use rand::Rng;

fn main() {
    let mut r = rand::thread_rng();
    for _i in 1..6 {
        println!("{}", r.gen_range(1, 11));
    }
}
```

　ソースファイルが準備できたら cargo build でビルドします。
　このとき、必要な（使用するクレートが依存している）ものが自動的にダウンロードされてコンパイルされます。

```
C:\Rust\ch07>cd random3
```

```
C:¥Rust¥ch07¥random3>cargo build
    Updating crates.io index
  Downloaded cfg-if v0.1.10
  Downloaded ppv-lite86 v0.2.9
  Downloaded getrandom v0.1.15
  Downloaded rand_chacha v0.2.2
  Downloaded rand_core v0.5.1
  Downloaded rand v0.7.3
  Downloaded 6 crates (200.3 KB) in 2.77s
   Compiling getrandom v0.1.15
   Compiling cfg-if v0.1.10
   Compiling ppv-lite86 v0.2.9
   Compiling rand_core v0.5.1
   Compiling rand_chacha v0.2.2
   Compiling rand v0.7.3
   Compiling random3 v0.1.0 (C:¥Rust¥ch07¥random3)
    Finished dev [unoptimized + debuginfo] target(s) in 10.66s
```

コンパイルできたら実行ファイルを指定して実行することができます。

```
C:¥Rust¥ch07¥random3>target¥debug¥random3.exe
2
8
9
4
8
```

あるいは、cargo run で実行することもできます。

```
C:¥Rust¥ch07¥random3>cargo run
    Finished dev [unoptimized + debuginfo] target(s) in 0.10s
     Running `target¥debug¥random3.exe`
6
3
7
4
3
```

7.2 ライブラリの使用例

　ここでは、いくつかのよく使われるライブラリを紹介し、それを使う方法を説明します。なお、後の章でもこの章では取り上げていないいくつかのクレート（ライブラリ）の使い方を示しています。

◆ 実数の数値計算

　ここでは、std に定義されている関数の例として、実数のさまざまな算術演算を行う関数の主なものを示します。f64（std::f64）や i64（std::i64）など、さまざまな型で使用できるあらかじめ定義されている定数とメソッドがあり、実数の数値計算関数は多くが f64 と f32 の両方に定義されています。

　実数の主な数値計算関数の一覧表を次の表に示します。この表は主な関数を要約したものです。詳細は下記 URL のドキュメントを参照してください。

- https://doc.rust-lang.org/std/primitive.f32.html
- https://doc.rust-lang.org/std/primitive.f64.html

表7.1●実数の主な数値計算関数

関数	機能
abs()	絶対値を返す
acos()	その値のアークコサインを計算して返す。
asin()	その値のアークサインを計算して返す。
atan()	その値のアークタンジェントを計算して返す。
ceil()	その値を繰り上げた数を返す
copisign()	その値に引数の符号を適用して返す
cos()	その値のコサインを計算して返す。
exp()	その値の指数(e^(self))を計算して返す。
exp2()	その値の底2の指数(2^(self))を計算して返す。
floor()	その値を越えない最大の整数値を実数型で返す

関数	機能
fract()	その値の小数点以下の値を返す（端数）
ln()	その値の自然対数を計算して返す。
log()	引数の値を低としたその値の対数を計算して返す。
log10()	10を低としたその値の対数を計算して返す。
log2()	2を低としたその値の対数を計算して返す。
mul_add()	その値に最初の引数の値をかけて第2の引数の値を加算した値を返す。
powf()	その値の実数のベキ乗を計算して返す。
powi()	その値の整数のベキ乗を計算して返す。
round()	その値に最も近い整数値を実数型で返す（値を丸める）。
signum()	その値が正の値か+0.0なら1.0を、負の値なら−1.0を返す。
sin()	その値のサインを計算して返す。
sqrt()	その値の平方根を計算して返す。
tan()	その値のタンジェントを計算して返す。
trunc()	その値の小数点以下を切り捨てた値を返す（切り捨て）

　実数計算では、演算のためにコンピュータの内部で値を2進数に変換するために、誤差が生じることがあります。たとえば、次のようにして3.45を切り捨てた結果は0.4500000000000002になります。

```
use std::f64;

fn main() {
    let f:f64 = 3.45;
    println!("{:?}", f.fract());
}
```

　実数計算ではこのような誤差についていつでも考えておかなければなりません。

◆ 文字列の操作 ◆

　文字列の操作は、文字列のプリミティブ型 str の関数を使って行うことができます。

　文字列 str の主な関数の一覧表を次の表に示します。詳細は下記 URL のドキュメントを参照してください。

- https://doc.rust-lang.org/std/primitive.str.html

表7.2●文字列strの主な関数

関数	機能
find()	この文字列の中で引数の文字列が一致する場所を返す。
matches()	この文字列の中で引数の文字列が一致するstd::str::Matchesを返す。
parse()	この文字列を他の型に変して返す（☞2.4節「型の変換」）。
repeat()	この文字列を引数で指定した回数繰り返して返す。
to_lowercase()	この文字列の中の大文字をすべて小文字にして返す。
to_uppercase()	この文字列の中の小文字をすべて大文字にして返す。
trim()	文字列の前後の空白（ホワイトスペース）を削除して返す。
trim_end()	文字列の後ろの空白を削除して返す。
trim_start()	文字列の前の空白を削除して返す。

◆ 乱数の生成 ◆

　この章の最初のほうで取り上げた rand::Rng には、次のようなメソッドがあります。

表7.3●主なrand::Rngの関数

関数	機能
gen()	標準分布のランダム値を返す。
gen_range()	指定した範囲の乱数を生成する。
gen_bool()	ランダムにブール（boolean）値を返す。
gen_ratio(2, 3)	指定した比率でブール値を返す。

　10 個の u16 の値をランダムに生成するプログラムの例を次に示します。

```
use rand::{thread_rng, Rng};

fn main() {
    let mut rng = thread_rng();

    for _ in 0..11 {
      let x: u16 = rng.gen();
      print!("{} ", x);
    }
}
```

10個の0～2の範囲のu16の値をランダムに生成するプログラムの例を次に示します。

```
use rand::{thread_rng, Rng};

fn main() {
    let mut rng = thread_rng();

    for _ in 0..11 {
      let x: u16 = rng.gen_range(0, 3);
      print!("{} ", x);
    }
}
```

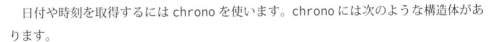

◆ 日付日時

日付や時刻を取得するには chrono を使います。chrono には次のような構造体があります。

表7.4●主なchronoの構造体

関数	機能
Date	タイムゾーンのISO 8601カレンダーの日付
DateTime	タイムゾーンのISO 8601日付時刻
Duration	ナノ秒単位のISO 8601の経過時間

chronoのドキュメントは https://docs.rs/chrono/ にあります。

現在の UTC とローカル時刻を表示するプログラムを次に示します。

```
use chrono::{Utc, Local, DateTime};
use chrono::{Datelike, Timelike};

fn main() {
    // UTC で現在の日時を取得する。
    let utc: DateTime<Utc> = Utc::now();
    println!("{}", utc);
    // タイムゾーンを使って日時を取得する。
    let local: DateTime<Local> = Local::now();
    println!("{}", local);
    // 日付と日時を書式を指定して出力する
    println!("{}/{}/{}", local.year(), local.month(), local.day());
    println!("{:02}:{:02}:{:02}",
        local.hour(), local.minute(), local.second());
}
```

このプログラムをビルドするときには、Cargo.toml の [dependencies] セクショ
ンに chrono を追加してください。

```
[dependencies]
chrono = "0.4"
```

時間間隔は std::time モジュールの Duration 構造体のメンバーを使って指定する
ことができます。

Duration 構造体には時間間隔を表現したり作成する多数の関数が定義されています。

次に示すのは、プログラムの秒数を指定して時間間隔を作成する from_secs() を使
って、実行中に 3 秒待つプログラムの例です。

```
wait3sec.rs
```
```
// wait3sec.rs
use std::thread;
use std::time::Duration;

fn main() {
    println!("3秒待ちます。");
    thread::sleep(Duration::from_secs(3));
    println!("3秒待ちました。");
}
```

このプログラムの thread::sleep() は指定した時間だけこのプログラムの実行を止めます（その間、他のスレッドやプログラムに実行の機会を与えます）。

Note このプログラムは Rust Playground で実行しても期待したように表示されません。

7.3 モジュール

大規模なプログラムではソースファイルを分割するのが普通です。Rust では、1 つのプログラムを複数のソースファイルに分けることができます。

◆ モジュールの作成

モジュールを作成する前に、モジュールを使わないプログラムを作成してみましょう。

ここでは引数の値を 3 倍した値を返す関数 three_times() とそれを呼び出すメイン関数である main() があるファイルを作成します。

```
3times.rs

// 3times.rs
fn three_times(x: i32) -> i32 {
    x * 3
}

fn main() {

    for i in 1..4 {
        println!("{}の3倍={}", i, three_times(i));
    }
}
```

このプログラムは普通の Rust プログラムファイルとして rustc でコンパイルして実行したり、Rust Playground で実行できます。

このプログラムを複数のファイルに分割するためにはモジュールを作成します。ここでは、関数 three_times() を含むモジュール myutil と、main() 関数を含むファイルに分割することにします。

最初に、このプログラム全体のプロジェクトを作成します。ここでは modsample という名前にします。

```
C:¥Rust¥ch07>cargo new modsample --bin
     Created binary (application) `modsample` package
```

関数 three_times() はファイル myutil.rs の中に記述します。モジュールの外からアクセスできるようにするために、関数の先頭に pub を付けます。

```
myutil.rs

// ch07/modsample/src/myutil.rs
pub fn three_times(x: i32) -> i32 {
    x * 3
}
```

◆ **モジュールの使い方** ···◆

次に、モジュールを使うメインファイル main.rs を作成します。mod はモジュールを使用することを宣言します。

```
main.rs

// src/main.rs
mod myutil;

fn main() {

    for i in 1..4 {
        println!("{}の3倍={}", i, myutil ::three_times(i));
    }
}
```

これで、cargo build でビルドしたり cargo run で実行することができます。

7.4 ライブラリ

ここでは独立したライブラリ（クレート）を作成する方法を説明します。

◆ **ライブラリの作り方** ···◆

ここでは、値を半分にする関数 half() を含む mysamplelib という名前のライブラリ（クレート）を作成します。

mylib というクレート名はすでに使われている（https://docs.rs/mylib/）ので、使わないでください。

　まずライブラリのクレート（プロジェクト）を作成します。ライブラリのプロジェクトを作成するときには、--lib オプションを指定します。

```
C:\Rust\ch07>cargo new mysamplelib --lib
    Created library `mysamplelib` package
```

　作成されたプロジェクトの src ディレクトリに lib.rs が自動的に生成されます。lib.rs の内容は次の通りです。

lib.rs

```
// ch07/mysamplelib/src/lib.rs
#[cfg(test)]
mod tests {
    #[test]
    fn it_works() {
        assert_eq!(2 + 2, 4);
    }
}
```

　これはテストを重視した雛形です。#[cfg(test)] はコンパイル時に --cfg test オプションが指定されたときだけコンパイルを行うことを示し、#[test] はコンパイル時に --test オプションが指定されたときだけコンパイルを行うことを示す**アトリビュート**というものです。

　公開するライブラリクレートを作成するときには十分にテストすることが必要ですが、本書ではテストとライブラリクレートの公開については取り上げません（以降の作業を進めるためにはこれらのコードを削除するかコメントアウトします）。

公開するライブラリクレートを作るということは魅力的ですが、初心者は十分に経験を積んでから試みるべきです。また、初心者が思いつくようなライブラリは、すでに誰かが作って公開している可能性が非常に高いです。ここではローカルに利用するライブラリクレートの作り方を説明します。

　ここで、生成された lib.rs に、値を半分にする関数 half() を定義します。このとき関数名を外部から参照できるように関数名の前に pub を付けます。

lib.rs

```
// ch07/mysamplelib/src/lib.rs
pub fn half(x: i32) -> i32 {
    x / 2
}
```

　これでビルドすればライブラリクレートが作られます。

◆ ライブラリの利用

　次に、作成したライブラリクレートをテストするためのプロジェクトを作成します。

```
C:\Rust\ch07>cargo new testmylib --bin
     Created binary (application) `testmylib` package
```

　ライブラリクレートのプロジェクトとの関係は次の図のようになります。

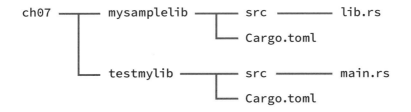

図7.1●フォルダの構成

　この testmylib プロジェクトの中の main.rs にテストプログラムを作成します。

```
main.rs
```

```
// ch07/testmylib/src/main.rs
use mysamplelib;

fn main() {
    let x = 12;
    let y = mysamplelib::half(x);
    println!("{}の半分は{}", x, y);
}
```

mysamplelib を利用するために use 文を使っている点に注目してください。

このテストプロジェクト testmylib をビルドする前に、このテストプロジェクトの Cargo.toml に mysamplelib を参照するための行を追加します。

```
[package]
name = "testmylib"
version = "0.1.0"
authors = ["notes"]
edition = "2018"

# See more keys and their definitions at https://doc.rust-lang.org/cargo/
reference/manifest.html

[dependencies]
mysamplelib = { path = "../mysamplelib"}
```

「../mysamplelib」は現在のディレクトリの下のフォルダにある mysamplelib というサブディレクトリを表します。これを追加しないと mysamplelib をリンクできません。

Cargo.toml の [dependencies] セクションに上記のように追加したら、testmylib をビルドして mysamplelib をリンクし、実行することができます。

■ 練習問題 ■

7.1　0 ～ 1.0 の範囲の乱数を 100 個生成するプログラムを作ってください。

7.2　5.0 ～ –5.0 の範囲の乱数を 10 個生成するプログラムを作ってください。

7.3　キーボードから入力された単語を 3 回繰り返して出力するプログラムを作ってください。

第8章

並列実行

この章では、複数のコードを同時に実行することについて説明します。

8.1　並列処理

Rust では複数の関数を同時に実行することができます。

◆ **並列処理** ....◆

現代の主要な OS には、複数のプロセスを同時に実行する機能が備わっています。また Rust には 1 つのプロセスで複数のスレッドを実行するメカニズムも備わっています。そのため、同時に複数のことを行うことができます。

現実には、（特に複数の CPU コアを備えているような場合には）複数のコードが同時に実行されることがありますが、実行されようとしているコードの数が実行可能なコアの数より多い場合には、複数のコードが切り換えられて実行されて「見かけ上」同時に実行されているかのように見えることもあります。しかし、いずれにしても、その詳細は OS と Rust のランタイムに任せることになります。そして、特定の場合（データを共有するような場合やある処理が終わってから別の処理を始めなければならない場合など）を除いて、背後で実際にコードが実行されている状況の詳細をプログラマは特に考える必要はありません。

単に、次に説明するように関数を実行するだけで複数のコードを同時に実行することができます。

◆ **関数の定義** ....◆

最初に並列実行したい関数を作成します。ここでは、文字 c を出力して 100 ミリ秒待つ次のような関数を実行することにします。

```
fn printch(c: char) {
    for _i in 1..10 {
        print!("{}", c);
        thread::sleep(Duration::from_millis(100));
    }
}
```

　thread::sleep() は指定した時間だけ待ちます（スリープします）。この場合は 100
ミリ秒（Duration::from_millis(100)）待つようにします。これをここに入れない
と他のスレッドに実行する機会が与えられない可能性があります。

◆ スレッドの起動 ◆

　作成した関数を thread::spawn() の引数として呼び出すだけで、スレッドを起動す
ることができます。このとき、クロージャーとして呼び出す必要があるので、呼び出す
関数の前に || を付けます。

```
thread::spawn(|| printch('A'));
```

　スレッドを起動した側は、起動したスレッドの関数が終了するのを待ちません。その
ため、次のようにすると、プログラムが起動して文字「A」を出力するスレッドを起動し
た直後に「プログラム終了」を出力する println!() を実行して、プログラムが終了し
てしまいます。

```
fn main() {
    thread::spawn(|| printch('A'));
    println!("プログラム終了");
}
```

　そこで、次のようにスレッドに名前を付けて、join().unwrap() を呼び出すことで
スレッドの終了を待ちます。

```
fn main() {
    // スレッドを起動する
    let th = thread::spawn(|| printch('A'));

    // スレッドの終了を待つ
    th.join().unwrap();
    println!("プログラム終了");
}
```

このプログラムを実行できるようにするためには次の 2 つの use 文を追加します。

```
use std::thread;
use std::time::Duration;
```

　文字「A」文字「B」文字「C」を 3 つのスレッドで並列して出力するには、関数を 3 回起動するように記述します。実行できるプログラム全体は次のようになります。

threadabc.rs

```
// threadabc.rs
use std::thread;
use std::time::Duration;

fn printch(c: char) {
    println!("スレッド{}スタート", c);
    for _i in 1..10 {
        print!("{}", c);
        thread::sleep(Duration::from_millis(100));
    }
    println!("スレッド{}終了", c);
}

fn main() {
    let th1 = thread::spawn(|| printch('A'));
    let th2 = thread::spawn(|| printch('B'));
    let th3 = thread::spawn(|| printch('C'));

    th1.join().unwrap();
    th2.join().unwrap();
    th3.join().unwrap();
    println!("プログラム終了");
}
```

　このプログラムを実行するとたとえば次のように出力されます（実際の出力はシステムの状況によって変わります）。

```
スレッドAスタート
AスレッドBスタート
BスレッドCスタート
CABCABCABCABCABCACBACBACBABCスレッドA終了
スレッドC終了
スレッドB終了
プログラム終了
```

この場合、ABC それぞれのスレッドは順にスタートしていますが、それぞれのスレッドの中のコードの実行順序は実行時の状況によって変わり、特定のコードが実行されるタイミングは予測できません。

◆ クロージャー化 ··· ◆

前の例では、わかりやすさを重視して、thread::spawn() が呼び出す関数を独立した関数として定義しました。しかし、この関数を名前のない関数として記述して呼び出すようにすることができます。

スレッドを起動するための無名関数は次の形式で定義します。

```
thread::spawn(|| {
    // 関数の内容
});
```

|| は名前のない関数の引数を囲むシンボルですが、この場合、引数はないので || にしています。関数定義の最後の }); を書き忘れないようにしてください。

ここで、先ほどのプログラムの並列実行したい関数を無名関数として作成します。ここでは、文字「A」を出力して 100 ミリ秒待つ次のような関数を実行することにします。

```
let th1 = thread::spawn(|| {
    println!("スレッド1スタート");
    for _i in 1..10 {
        print!("A");
```

```
        thread::sleep(Duration::from_millis(100));
    }
    println!("スレッド1終了");
});
```

これで、前のサンプルの関数 printch() を無名関数にして呼び出すようにしたこと
になります。

実行できるプログラム全体は次のようになります。文字「A」と文字「B」を2つのス
レッドで並列して出力するには、スレッドを2個起動するように記述します。

threadab.rs

```
// threadab.rs
use std::thread;
use std::time::Duration;

fn main() {
    // 最初のスレッド
    let th1 = thread::spawn(|| {
        println!("スレッド1スタート");
        for _i in 1..10 {
            print!("A");
            thread::sleep(Duration::from_millis(100));
        }
        println!("スレッド1終了");
    });
    // 第2のスレッド
    let th2 = thread::spawn(|| {
        println!("スレッド2スタート");
        for _i in 1..10 {
            print!("B");
            thread::sleep(Duration::from_millis(100));
        }
        println!("スレッド2終了");
    });
    // スレッドの終了を待つ
    th1.join().unwrap();
    th2.join().unwrap();
    println!("プログラム終了");
}
```

このプログラムを実行すると、たとえば次のように出力されます。

```
スレッド1スタート
Aスレッド2スタート
BABABABABABABABABABスレッド1終了
スレッド2終了
プログラム終了
```

共通する部分をまとめて、次のように書き替えることもできます。

threadfunc.rs

```rust
// threadfunc.rs
use std::thread;
use std::time::Duration;

fn main() {
    // クロージャーの定義
    let func = |c| {
        for _i in 1..10 {
            print!("{}", c);
            thread::sleep(Duration::from_millis(100));
        }
    };

    // 最初のスレッド
    let th1 = thread::spawn(move || func("A") );
    // 第2のスレッド
    let th2 = thread::spawn(move || func("B") );
    // スレッドの終了を待つ
    th1.join().unwrap();
    th2.join().unwrap();
    println!("プログラム終了");
}
```

8.2 スレッド間の通信

　ここでは、並列で実行されているスレッド間で情報を受け渡す方法について説明します。

◆ スレッド間のデータの受け渡し

　並列で実行されているスレッド間で情報を受け渡す方法はいくつかあります。

　1つ目はグローバルな static 変数を使う方法です。これについては 8.3 節「排他制御」の「アトミック」で説明します。

　もう1つはチャンネルを使う方法で、マルチスレッドプログラムではよく使われます。

◆ チャンネル

　チャンネルは同時に実行されているスレッド間や、メインスレッドとスレッドとの間で、特定の型の値を受け渡す通信機構を提供します。

　値を受け渡しするために、まず、次のように mpsc::channel() を使ってチャンネルを作成します。

```
let (tx, rx) = mpsc::channel();
```

　タプルの値である (tx, rx) の tx は値を送る先、rx は値を受け取る元を表します。

　チャンネルに情報を送るためには tx.send().unwrap() を使います。count という変数の値をチャンネルに送る例を次に示します。

```
tx.send(count).unwrap();
```

　チャンネルから情報を受け取るときには rx.recv().unwrap() を使います。チャンネルから受け取った値を変数 val に保存する例を次に示します。

```
let val = rx.recv().unwrap();
```

　たとえば、1つのスレッドでコードが実行された回数をカウントし、メインスレッドでもコードが実行された回数をカウントして、プログラムが終了する直前に両方のカウンタの値を合計して出力したいとします。

　10までカウントするスレッドはたとえば次のようにします。

```
// 10までカウントするスレッド
let th = thread::spawn(move || {
    let mut count = 0;
    for _i in 1..11 {
        count = count + 1;
        thread::sleep(Duration::from_millis(100));
    }
    tx.send(count).unwrap();
});
```

　メインスレッドでもコードが実行された回数をカウントします。

```
let mut cnt = 0;
for _i in 1..11 {
    cnt = cnt + 1;
    thread::sleep(Duration::from_millis(100));
}
```

　スレッドの終了を待って両方のカウンタ値を合計して出力します。

```
// スレッドの終了を待つ
th.join().unwrap();
let val = rx.recv().unwrap();          // チャンネルから値を受け取る
println!("カウンタ={}", cnt + val);
```

　最後に必要な次のuse文を追加します。

```
use std::thread;
use std::time::Duration;
use std::sync::mpsc;
```

実行できるプログラム全体は次のようになります。

chan.rs

```
// chan.rs
use std::thread;
use std::time::Duration;
use std::sync::mpsc;

fn main() {
    let (tx, rx) = mpsc::channel();

    let th = thread::spawn(move || {
        let mut count = 0;
        for _i in 1..11 {
            count = count + 1;
            thread::sleep(Duration::from_millis(100));
        }
        tx.send(count).unwrap();
    });

    let mut cnt = 0;
    for _i in 1..11 {
        cnt = cnt + 1;
        thread::sleep(Duration::from_millis(100));
    }

    // スレッドの終了を待つ
    th.join().unwrap();
    let val = rx.recv().unwrap();
    println!("カウンタ={}", cnt + val);
    println!("プログラム終了");
}
```

8.3 排他制御

ここでは複数のスレッドが同じ変数にアクセスすることを避ける方法を説明します。

◆ ミューテックス

複数のスレッドが同じ変数にアクセスすると、意図しない方法で値が変更されてしまうことがあります。そのような状況を防ぐためには、std::sync にあるミューテックスという方法を使って、プログラムのある部分を実行中には他のスレッドが変数の値を変更しないようにします。このような制御を**排他制御**といいます。

> **Note** ミューテックスは、ある時にただ 1 つのスレッドだけが**クリティカルセクション**（複数のスレッドによって変更される危険性がある領域）にアクセスできるようにする排他制御の方法の1つです。

ミューテックスを使って排他制御するためには、まずミューテックスを作成します。

```
let counter = Arc::new(Mutex::new(0));
```

そして、lock() でロックして他のスレッドが関与しないようにし、値の変更を行います。変数 num がスコープを抜けるとロックは解除されます。

```
let counter1 = Arc::clone(&counter);
let th1 = thread::spawn(move || {
    for _i in 1..11 {
        print!("+");
        let mut num = counter1.lock().unwrap();
        *num += 1;
    }
});
```

必要な use 文は次の通りです。

```
use std::thread;
use std::time::Duration;
use std::sync::{Mutex, Arc};
```

プログラム全体は次のようになります。

mutexsample.rs

```rust
// mutexsample.rs
use std::thread;
use std::time::Duration;
use std::sync::{Mutex, Arc};

fn main() {
    let counter = Arc::new(Mutex::new(0));

    // 最初のスレッド
    let counter1 = Arc::clone(&counter);
    let th1 = thread::spawn(move || {
        for _i in 1..11 {
            print!("+");
            let mut num = counter1.lock().unwrap();
            *num += 1;
            thread::sleep(Duration::from_millis(100));
        }
    });

    // 第2のスレッド
    let counter2 = Arc::clone(&counter);
    let th2 = thread::spawn(move || {
        for _i in 1..11 {
            let mut num = counter2.lock().unwrap();
            *num += 1;
            print!("-");
            thread::sleep(Duration::from_millis(100));
        }
```

```
    });

    // スレッドの終了を待つ
    th1.join().unwrap();
    th2.join().unwrap();
    println!("¥ncounter={:?}", counter);
}
```

◆ アトミック

ミューテックスを使わずに、Module std::sync モジュールを使って static 変数に同期アクセスするようにすることもできます。そうすることで、マルチスレッドのプログラムで複数のスレッドがアクセスする変数を安全に使うことができます。このような、なんらかの操作を行うときに他のスレッドがその操作に割り込めないことを**アトミック性**といいます。

std::sync::atomic には、次表に示すようなスレッド間で安全に共有できるデータ型が宣言されています。これらの型はすべてブール型または整数型であり、浮動小数点数はサポートされない点に注意してください。

表8.1 ● スレッド間で安全に共有できるデータ型

型	解説
AtomicBool	スレッド間で安全に共有できるブール型
AtomicI8	スレッド間で安全に共有できるi8型
AtomicI16	スレッド間で安全に共有できるi16型
AtomicI32	スレッド間で安全に共有できるi32型
AtomicI64	スレッド間で安全に共有できるi64型
AtomicIsize	スレッド間で安全に共有できるisize型
AtomicPtr	スレッド間で安全に共有できる生ポインタ型
AtomicU8	スレッド間で安全に共有できるu8型
AtomicU16	スレッド間で安全に共有できるu16型
AtomicU32	スレッド間で安全に共有できるu32型
AtomicU64	スレッド間で安全に共有できるu64型
AtomicUsize	スレッド間で安全に共有できるusize型

変数は、たとえば次のように宣言して初期化します。

```
static COUNTER: AtomicU32 = AtomicU32::new(0);
```

変数の値は次のようにして安全に取り出します。

```
fn get_count() -> u32 {
    return COUNTER.load(Ordering::SeqCst);
}
```

値を変更するときには、次のようにして変更します。

```
fn count_up() {
    COUNTER.fetch_add(1, atomic::Ordering::SeqCst);
}
fn count_down() {
    COUNTER.fetch_sub(1, atomic::Ordering::SeqCst);
}
```

　マルチスレッドではありませんが、static 変数に安全にアクセスできるようにしたプログラム全体は次のようになります。

```
use std::sync::atomic::{self, AtomicU32, Ordering};

static COUNTER: AtomicU32 = AtomicU32::new(0);

fn count_up() {
    COUNTER.fetch_add(1, atomic::Ordering::SeqCst);
}
fn count_down() {
    COUNTER.fetch_sub(1, atomic::Ordering::SeqCst);
}
fn get_count() -> u32 {
    return COUNTER.load(Ordering::SeqCst);
}
```

```rust
fn main() {
    println!("{}", get_count());
    count_up();
    println!("{}", get_count());
    count_down();
    println!("{}", get_count());
}
```

実行結果は次のようになります。

```
0
1
0
```

次に示すのは、std::sync::atomic::AtomicU32 を使って複数のスレッドから COUNTER に安全にアクセスするようにしたマルチスレッドプログラムの例です。

atomic.rs

```rust
// atomic.rs
use std::thread;
use std::time::Duration;
use std::sync::atomic::{self, AtomicU32, Ordering};

static COUNTER: AtomicU32 = AtomicU32::new(0);

fn count_up() {
    COUNTER.fetch_add(1, atomic::Ordering::SeqCst);
}
fn get_count() -> u32 {
    return COUNTER.load(Ordering::SeqCst);
}

fn main() {
    // 最初のスレッド
    let th1 = thread::spawn(move || {
        for _i in 1..11 {
            print!("+");
```

```
            count_up();
            thread::sleep(Duration::from_millis(100));
        }
    });

    // 第2のスレッド
    let th2 = thread::spawn(move || {
        for _i in 1..11 {
            print!("-");
            count_up();
            thread::sleep(Duration::from_millis(100));
        }
    });

    // スレッドの終了を待つ
    th1.join().unwrap();
    th2.join().unwrap();
    println!("\ncounter={}", get_count());
}
```

8.4 非同期実行

関数を非同期実行することができます。

◆ async/await

async/await は、時間のかかる処理をするときに、処理が終わるまでそのスレッドを別のタスクの処理に使うことができる機能を提供します。

ここではドット（.）、プラス（+）、マイナス（-）を出力するプログラム asyncsample を作成することにします。

最初に Cargo プロジェクトを作成します。

```
C:¥Rust¥ch08>cargo new asyncsample --bin
    Created binary (application) `asyncsample` package
```

Note プロジェクトと Cargo については 1.4 節「プロジェクトとビルド」を参照してください。

　このプログラムでは非同期プログラミングをサポートする futures（https://docs.rs/futures/）というクレートを使うので、作成した asyncsample プロジェクトの中の Cargo.toml に次の 1 行を追記します。

```
[dependencies]
futures = "0.3"
```

　main.rs には次のコードを記述します。
　まず、時間がかかる処理であることをシミュレートするために関数 wait() を作成します。

```
fn wait() ->f64 {
    let mut x:f64 = 0.0;
    for _ in 1..10000 {
        for _ in 1..10000 {
            x = x * 1.001;
        }
    }
    x
}
```

　次にドット（.）を出力する関数を作ります。

```
async fn print_dot() {
    println!(".");
}
```

次にプラス（+）を出力する関数を作りますが、これは時間がかかる関数として作成します。

```rust
async fn plusfunc() {
    wait();
    println!("+");
}
```

これを呼び出す関数は await を指定して実行が終わるのを待つようにします。

```rust
async fn print_plus() {
    plusfunc().await;
}
```

最後にマイナス（-）を出力する関数を作ります。

```rust
async fn print_minus() {
    wait();
    println!("-");
}
```

これを実行するための関数を次のように作ります。

```rust
async fn async_main() {
    let f1 = print_plus();
    let f2 = print_minus();
    let f3 = print_dot();
    println!("Hello");
    futures::join!(f1, f2, f3);
}
```

それぞれの関数は順番に起動され、futures::join!() ですべての関数の実行が終了するまで待ちます。

必要な use 文は次の通りです。

```
use std::thread;
use std::time::Duration;
use futures::executor::block_on;
```

プログラム全体は次のようになります。

main.rs

```
// main.rs
use futures::executor::block_on;

fn wait() ->f64 {
    let mut x:f64 = 0.0;
    for _ in 1..10000 {
        for _ in 1..10000 {
            x = x * 1.001;
        }
    }
    x
}

async fn print_dot() {
    println!(".");
}

async fn print_plus() {
    plusfunc().await;
}

async fn print_minus() {
    wait();
    println!("-");
}

async fn plusfunc() {
    wait();
    println!("+");
}
```

```rust
async fn async_main() {
    let f1 = print_plus();
    let f2 = print_minus();
    let f3 = print_dot();
    println!("Hello");
    futures::join!(f1, f2, f3);
}

fn main() {
    block_on(async_main());
}
```

実行すると、次のように出力されます。「Hello」が出力されてから「+」が出力されるまで数秒（システムによって異なる）かかる点に注意してください。「-」はそれより早く出力されるでしょう。

```
Hello
+                // 数秒後
-
.
```

非常に強力なシステムで実行にかかる時間差がわからない場合は、時間がかかることをシミュレートしている関数 wait() の繰り返し回数を増やしてください。

```rust
fn wait() ->f64 {
    let mut x:f64 = 0.0;
    for _ in 1..10000 {        // この10000を50000か100000にする
        for _ in 1..10000 {    // この10000も50000か100000にする
            x = x * 1.001;
        }
    }
    x
}
```

Rust Playground で実行するときには、結果がすべて出力されてからブラウザに表示される
ので時間差がわからないか、あるいは途中でタイムアウトして終了してしまいます。

■ 練習問題 ■

8.1 2 個のスレッドを実行して、"+" と "-" をそれぞれ 20 個出力するプログラムを
作成してください。

8.2 チャンネルを使って、1 つのスレッドで 10 までカウントし、もう 1 つのスレッド
で 8 までカウントして、合計を出力するプログラムを作ってください。

8.3 ミューテックスを使って、1 つのスレッドで 20 までカウントし、もう 1 つのスレ
ッドで 18 までカウントして、合計を出力するプログラムを作ってください。

第9章

ファイルとネットワーク

この章では、ファイルへの入出力の方法を説明します。
Rust でファイルを操作したり読み書きする手段はいろい
ろありますが、ここでは std::fs や std::io などを使う方
法を紹介します。

9.1 ファイルの操作

ここではファイルシステムにアクセスする方法を説明します。

◆ ファイル操作とプログラム ···◆

Rust でファイルシステムにアクセスするときには、std::fs モジュールにある関数を使うことができます。

Rust では、原則的にプラットフォーム（OS）に依存しないプログラムを記述することができます。ただし、ベースとなるファイルシステムの根本的な違い（たとえば Windows のドライブを含むパスと Unix 系 OS のルートから始まるパスの違い）などは依然として残ります。

Note ファイルとファイルシステムについては、Unix 系 OS のファイルシステムに関するコマンドを学んだり、Windows のファイルシステムを学ぶことでより理解が深まります。

Rust の std::fs モジュールには、次の表に示すようなファイル操作関数が用意されています。

表9.1●Rustのstd::fsにあるファイル操作関数

関数	説明
canonicalize()	正規化された絶対的な形式でパスを返す。
copy()	ファイルをコピーする。
create_dir()	ディレクトリ（フォルダ）を作成する。
create_dir_all()	ディレクトリを再帰的に作成する（サブディレクトリも作成する）。
hard_link()	ファイルシステムに新しいハードリンクを作成する。
metadata()	指定したファイルまたはディレクトリの詳しい情報を取得する。
read_link()	シンボリックリンクでリンクされているファイルを返す。
remove_dir()	既存の空のディレクトリを削除する。

関数	説明
remove_dir_all()	ディレクトリをその内容ごと削除する。
remove_file()	ファイルを削除する。
rename()	ファイルまたはディレクトリの名前を変更する。
set_permissions()	ファイルまたはディレクトリのパーミッションを変更する。
soft_link()	新しいシンボリックリンクを作成する。
symlink_metadata()	シンボリックリンクをたどらずにファイルのメタデータを取得する。

以下で主な関数を使う例をいくつか示します。

◆ ファイルのコピー

ファイルをコピーする関数は std::fs に次のように定義されています。

```
pub fn copy<P: AsRef<Path>, Q: AsRef<Path>>(from: P, to: Q) -> Result<u64>
```

P はコピー元のファイル、Q はコピーした結果として作成するファイルのパスです。返される値は Result<u64> 型です。

ファイル source をコピーして dest を作成するときには次のように呼び出します。

```
let src = "source";      // ソースファイル
let dest = "dest";       // コピー先のファイル

fs::copy(src, dest);
```

ここでは、コマンドラインで指定したファイルをコピーするプログラムを作成します。プログラム名を copyfile にすると、次のようにして実行して source をコピーして dest を作成します。

```
>copyfile source dest
```

まず、引数からコピー元とコピー先のファイル名を取得します（☞第 3 章）。

```
fn main(){
    // 引数を取得する
    let argv: Vec<String> = env::args().collect();
    let argc = argv.len();                          // 引数の数
```

引数の数が足りない場合はそのことを報告して終了します。

```
if argc < 3 {
    println!("引数を2個指定してください。");
    std::process::exit(1);
}
```

コピー元のファイル名は &argv[1] に、コピー先のファイル名は &argv[2] に入っているので fs::copy() を呼び出してコピーします。このとき、操作の結果を OS に返すことにしましょう。

```
fn main() -> std::io::Result<()> {
    let src = &argv[1];      // ソースファイル
    let dest = &argv[2];     // コピー先のファイル
    fs::copy(src, dest)?;    // ファイルをコピーする
    Ok(())
```

このプログラムに必要な use 文は次の通りです。

```
use std::env;
use std::fs;
```

プログラム全体は次のようになります。

copyfile.rs

```
// copyfile.rs
use std::env;
use std::fs;

fn main() -> std::io::Result<()> {
    // 引数を取得する
    let argv: Vec<String> = env::args().collect();
    let argc = argv.len();                          // 引数の数
    if argc < 3 {
        println!("引数を2個指定してください。");
        std::process::exit(1);
    }

    let src = &argv[1];    // ソースファイル
    let dest = &argv[2];    // コピー先のファイル
    fs::copy(src, dest)?;   // ファイルをコピーする
    Ok(())
}
```

◆ ディレクトリの作成

ディレクトリを作成するには、fs::create_dir() を使います。このとき注意しなければならないのは、作成できるサブディレクトリは 1 つだけであるという点です。たとえば、次のコードを実行するには、カレントディレクトリ（現在のディレクトリ）に misc があらかじめ作られていなければなりません。

```
fs::create_dir("./misc/subdir");
```

これで misc にサブディレクトリ subdir が作成されます。
実行できるプログラムはたとえば次のように作ります。

```
crtdir.rs
```

```rust
// crtdir.rs
use std::fs;

fn main() -> std::io::Result<()> {
    fs::create_dir("./misc/subdir")?;
    Ok(())
}
```

　このプログラムでは、fs::create_dir() の結果としてエラーが発生した場合に「?」演算子でエラーを呼び出し元（この場合は関数が main() なので呼び出し元は OS）に返すようにしています。そのため、エラーが発生したら OS のコンソールにメッセージが表示されます。

　なお、上の例を実行するときには、カレントディレクトリ（現在のディレクトリ）に misc があらかじめ作られていなければなりません。

◆ 正規化されたパス ⋯⋯⋯⋯⋯⋯⋯⋯⋯⋯⋯⋯⋯⋯⋯⋯⋯⋯⋯⋯⋯⋯⋯⋯ ◆

　パスの一部を指定して正規化されたパスを作成するには、次のように fs::canonicalize() を呼び出します。

```rust
let srcdir = PathBuf::from("./src");
fs::canonicalize(&srcdir);
```

　実行できるプログラムの例を次に示します。

```
canon.rs
```

```rust
// canon.rs
use std::fs;
use std::path::PathBuf;

fn main() {
```

```
    let srcdir = PathBuf::from("./src");
    println!("{:?}", fs::canonicalize(&srcdir));
}
```

Windows で実行すると、たとえば次のように出力されます。

```
C:¥Rust¥ch09>canon.exe
Ok("¥¥¥¥?¥¥C:¥¥Rust¥¥ch09¥¥files")
```

9.2 ファイル入出力

単純なファイルの入出力は std::fs や std::io にある関数を使って実現できます。

◆ ファイルの読み書き

Rust にはさまざまなファイル入出力用のクレート（ライブラリ）が用意されています。単純な入出力のために、たとえば次の表に示すようなファイル操作関数が用意されています。

表9.2●Rustのstd::fsのファイル入出力の関数の例

名前	機能
std::fs::read()	バイトのvecにファイル全体を読み込む。
std::fs::read_dir()	指定したディレクトリのイテレータを取得する。
std::fs::read_to_string()	stringにファイル全体を読み込む。
std::fs::write()	スライスをファイルの内容全体として書き込む。

また、std::io::BufReader や std::io::BufWriter を使う方法もあります（あとで説明します）。

さらに、本書では詳しくは取り上げませんが、さまざまなフォーマットの画像（イメージ）ファイルを扱うクレート（https://docs.rs/image/）や、CSV ファイルを扱うクレート（https://docs.rs/csv/）など、豊富なライブラリ（クレート）が用意されていて、ファイルにさまざまな種類のデータを保存したりファイルからプログラムに読み込むことができます（あとで QR コードを生成してファイルに保存する例を示します）。

> さまざまな方法による基本的なファイルの読み書きの説明を含むドキュメントは、たとえば、
> https://doc.rust-lang.org/std/io/ にもあります。

ここでは、基本的なファイルの読み書きの主要な方法の中からいくつかを説明します。

◆ 入力

ファイルの文字列を読み込むときには fs::read_to_string() を使うことができます。これを使って sample.txt を読み込むプログラムの例を次に示します。

```rust
// readtxt.rs
use std::fs;

fn main() {
    let result = fs::read_to_string("sample.txt");
    println!("{:?}", result);
}
```

このプログラムを実行すると、次のように出力されます。

```
C:¥Rust¥ch09>readtxt
Ok("sample.txt¥r¥nこれはサンプルファイルです。¥r¥nありゃまこりゃま。¥r¥n¥r¥n")
```

　fs::read_to_string() で返される値は Result 型なので、次のように match 文を使って処理するのがより適切です。

---

readtxt2.rs

```
// readtxt2.rs
use std::fs;

fn main() {
    match fs::read_to_string("sample.txt") {
        Ok(result) => println!("{}", result),
        Err(msg) => println!("エラー:{}", msg),
    }
}
```

実行結果は次のようになります。

```
C:\Rust\ch09>readtxt2
sample.txt
これはサンプルファイルです。
ありゃまこりゃま。
```

BufReader を使って行単位で読み込むこともできます。

---

readlines.rs

```
// readlines.rs
use std::io::BufReader;
use std::io::prelude::*;
use std::fs::File;

fn main() -> std::io::Result<()> {
    let f = File::open("sample.txt")?;
    let reader = BufReader::new(f);

    for line in reader.lines() {
        println!("{}", line?);
```

```
        }
        Ok(())
    }
```

実行結果は前のプログラムと同じです。

ファイルの内容をバイトデータとして読み込むときには、たとえば次のようにします。

readbytes.rs

```
// readbytes.rs
use std::io;
use std::io::prelude::*;
use std::fs::File;

fn main() -> io::Result<()> {
    let mut f = File::open("sample.txt")?;
    let mut buffer = [0; 1000];

    // バッファにデータを読み込む
    let n = f.read(&mut buffer)?;

    println!("{:?}", &buffer[..n]);
    Ok(())
}
```

このプログラムを実行すると、次のように出力されます。

```
C:¥Rust¥ch09>readtxt.exe
[115, 97, 109, 112, 108, 101, 46, 116, 120, 116, 13, 10, 227, 129, 147, 227,
130, 140, 227, 129, 175, 227, 130, 181, 227
, 131, 179, 227, 131, 151, 227, 131, 171, 227, 131, 149, 227, 130, 161, 227,
130, 164, 227, 131, 171, 227, 129, 167, 227
, 129, 153, 227, 128, 130, 13, 10, 227, 129, 130, 227, 130, 138, 227, 130,
131, 227, 129, 190, 227, 129, 147, 227, 130,
138, 227, 130, 131, 227, 129, 190, 227, 128, 130, 13, 10, 13, 10]
```

◆ 出力

テキストをファイルに書き込む最も単純な方法は、マクロ write!() または writeln!() を使う方法です。

最初に std::fs::File を作成してから、write!() の最初の引数として作成した File を指定して write!() または writeln!() で書き込みます。

```
let mut file = File::create("test.txt")?;
write!(file, "{}", txt)?;
```

use 文を追加した実行できるプログラム全体は次のようになります。

writetxt.rs

```
// writetxt.rs
use std::fs::File;
use std::io::Write;

fn main() -> std::io::Result<()> {
    let txt = "こんにちは¥nHappy Rust¥n";
    let mut file = File::create("test.txt")?;
    write!(file, "{}", txt)?;
    file.flush()?;
    Ok(())
}
```

std::io::Write と std::io::BufWriter を使ってバイト列をファイルに書き込むプログラムの例を次に示します。

writebuf.rs

```
// writebuf.rs
use std::fs::File;
use std::io::{Write, BufWriter};

fn main() -> std::io::Result<()> {
    let file = File::create("sample2.txt")?;
```

201

```
    let mut writer = BufWriter::new(file);
    let data:&str = "Hello¥nHappy Dogs";
    writer.write_all(data.as_bytes())?;
    writer.flush()?;
    Ok(())
}
```

◆ QR コードの生成

Rust で利用できるクレート（ライブラリ）を活用すると、複雑なことが容易にできる1つの例として、QR コードのイメージファイルを生成するプログラムの例をここに示します。

このプログラムは、QR コードのクレート（https://docs.rs/qrcode/）とイメージを扱うことができるようにするクレート（https://docs.rs/image/）、およびそれらが依存するクレートを利用します。

プログラムはとても単純で、次の通りです。

main.rs

```
// ch09/qrcode/src/main.rs
use qrcode::QrCode;
use image::Luma;

fn main() {
    // データをビットに変換する
    let code = QrCode::new(b"A0023213").unwrap();

    // イメージにビットを書き込む
    let image = code.render::<Luma<u8>>().build();

    // イメージをファイルに出力する
    image.save("sample.png").unwrap();
}
```

いったんイメージを作成したら、image.save() で保存できる点に注目してください。プログラムをビルドする前に Cargo.toml に次の行を追加します。

```
[dependencies]
qrcode = "0.12"
image = "0.23"
```

　このプログラムをビルドして実行すると、次のようなQRコードのPNGファイルが生成されます。

図9.1●QRコードの例

9.3 ネットワーク

　ここでは、TCPというプロトコルを使って情報を受け渡すサーバーとクライアントについて説明します。

◆ プログラムの概要

　ここで作成するプログラムは次の2個のプログラムでペアになって機能します。

- TCPプロトコルを使ってクライアントに接続するTCPサーバー
- サーバーに情報を送って応答を受け取るTCPクライアント

　この組み合わせは、ここで説明するプログラムに限定されるものではありません。実際に使用する場合は、同じような機能を持っていれば、ここで説明するサーバーと他の

クライアントを組み合わせて使ってもかまいませんし、他のサーバーにここで説明する
クライアントを接続してもかまいません。

　ここで示すプログラムのサーバーは、クライアントから送られた文字列を返します。
その際に、クライアントから送られた文字列の小文字を大文字に変換します（プログラ
ムを単純にするために日本語には対応していません）。

　クライアントは、キーボードから入力した文字列をサーバーに送り、サーバーから返
された文字列を表示します。

　プログラムを実行するには、まずこのあとの「TCP サーバー」で説明する server プ
ログラムを実行します。

　Linux などの Unix 系 OS で 1 つのマシンで両方のプログラムを実行する場合は、
「tcpserver &」としてバックグラウンドでサーバーを起動し、それから tcpclient
を起動するとよいでしょう。クライアントやサーバーを終了するときには kill または
killall コマンドを使います。

　Windows で 1 つのマシンで両方のプログラムを実行する場合は、コマンドプロンプト
ウィンドウを 1 つ開いて server.exe を実行し、さらに別のコマンドウィンドウを開い
て client.exe を実行します。クライアントやサーバーを終了するときには、Ctrl キー
を押しながら C キーを押します。

　Windows でサーバーを起動した後のクライアントの実行例を示します。すべて大文字
の文字列はサーバーから返された文字列です。

```
C:\Rust\ch09>pclient
Hello
HELLO
Good Dog
GOOD DOG
^C
```

これらのサーバー／クライアントを実行するときには、ウィルス対策ソフトがポートへの接続を制御している場合は、そのポートでの接続を許可してください。また、システムの設定でポート番号 8000 を閉じている場合はポートを開いてください。

◆ サーバー

サーバーでは、まず、TCP 接続してクライアントからの接続に耳を傾けます（リスンします）。

```
let coninfo = "localhost:8000";
let listener = TcpListener::bind(coninfo).expect("バインドできません。");
```

bind() のパラメーター（"localhost:8000"）は次の形式で IP アドレスとポート番号を指定します。

> 接続先 IP アドレス：ポート番号

この例では同じマシンであることを示す localhost にしていますが、たとえばすべてのマシンからの接続を受け付けるときには 0.0.0.0 にします。ポートは 8000 以外でもかまいません（ポート番号を通信するクライアントと一致させる必要はあります）。

返される値は変数 listener に保存します。

クライアントからの接続は listener.incoming() で待ち受けます。そして、待ち受けているときに接続があったら接続ごとにスレッドを作成して handle_data() で個々の接続を処理することにします（handle_data() はあとで作ります）。

```
for stream in listener.incoming()
{
    match stream
    {
        Err(e) => {eprintln!("failed: {}",e)}
```

```
        Ok(stream) =>
        {
            thread::spawn(move ||{
                handle_data(stream).
                    unwrap_or_else(|error| eprintln!("{:?}",error));
            });
        }
    }
}
```

　接続できた個々のクライアントとの実際のデータのやり取りは handle_data() で行います。

　これは、stream.read() でバッファにデータを読み込んで、バッファの中の小文字を大文字に変換したあとで stream.write() でデータを書き込みます。

```
fn handle_data(mut stream: TcpStream) -> Result<(), Error>
{
    let mut buf = [0; 512];
    loop {
        let byte_read = stream.read(&mut buf)?;
        // 小文字を大文字に変換
        for i in 0..byte_read {
            if buf[i] > 0x60 {
                buf[i] = buf[i] - 0x20;
            }
        }
        if byte_read == 0 {return Ok(());}
        stream.write(&buf[..byte_read])?;
    }
}
```

　必要な use 文を追加したプログラム全体は次のようになります。

server.rs

```
// server.rs
use std::net::{TcpListener,TcpStream};
```

```rust
use std::thread;
use std::io::{Read,Write,Error};

fn handle_data(mut stream: TcpStream) -> Result<(), Error>
{
    println!("Connection from: {}",stream.peer_addr()?);
    let mut buf = [0; 512];
    loop {
        let byte_read = stream.read(&mut buf)?;
        // 小文字を大文字に変換
        for i in 0..byte_read {
            if buf[i] > 0x60 {
                buf[i] = buf[i] - 0x20;
            }
        }
        if byte_read == 0 {return Ok(());}
        stream.write(&buf[..byte_read])?;
    }
}

fn main()
{
    let coninfo = "localhost:8000";
    let listener = TcpListener::bind(coninfo).expect("バインドできません。");
    for stream in listener.incoming()
    {
        match stream
        {
            Err(e) => {eprintln!("failed: {}",e)}
            Ok(stream) =>
            {
                thread::spawn(move ||{
                    handle_data(stream).
                        unwrap_or_else(|error| eprintln!("{:?}",error));
                });
            }
        }
    }
}
```

◆ クライアント ◆

クライアントの仕事は、サーバーに接続することと、キーボードから入力した文字列を単にサーバーに送り、サーバーから返された文字列を表示することです。

サーバーへの接続は TcpStream::connect() で行います。

```
let coninfo = "localhost:8000";
let mut stream = TcpStream::connect(coninfo).expect("サーバーに接続できません。");
```

TcpStream::connect() のパラメーター（"localhost:8000"）はサーバーと同様に次の形式で IP アドレスとポート番号を指定します。

> **接続先 IP アドレス：ポート番号**

この例では同じマシンであることを示す localhost にしていますが、特定のサーバーに接続したいときには、サーバーマシンの IP アドレスとしてたとえば 192.168.11.10 を指定します（サーバーのアドレスを指定する必要がある点に注意してください）。ポートは 8000 以外でもかまいません（サーバーと一致させる必要はあります）。

サーバーとのやり取りそれぞれの仕事は loop を使ったループで実行します。ループの中では、標準入力からのテキストを io::stdin().read_line() で読み込んで stream.write() でサーバーに送ります。

```
let mut input = String::new();
io::stdin().read_line(&mut input).expect("標準入力からの入力エラー");
stream.write(input.as_bytes()).expect("サーバーに送れません。");
```

そして reader.read_until() でサーバーから返されたデータを「¥n」というバイトがあるまで受け取って表示します。

```
let mut reader = BufReader::new(&stream);
reader.read_until(b'¥n',&mut buffer).expect("サーバーから受け取れません。");
print!("{}",str::from_utf8(&buffer).expect("テキストを表示できません。"));
```

この2つの作業を延々と繰り返します。

```
loop
{
    let mut input = String::new();
    io::stdin().read_line(&mut input).expect("標準入力からの入力エラー");
    stream.write(input.as_bytes()).expect("サーバーに送れません。");

    let mut reader = BufReader::new(&stream);
    reader.read_until(b'¥n',&mut buffer).expect("サーバーから受け取れません。");
    print!("{}",str::from_utf8(&buffer).expect("テキストを表示できません。"));
}
```

クライアントのプログラム全体は次のようになります。

client.rs

```
// client.rs
use std::net::{TcpStream};
use std::str;
use std::io::{self,BufRead,BufReader,Write};

fn main()
{
    let coninfo = "localhost:8000";

    let mut stream = TcpStream::connect(coninfo).expect("サーバーに接続できません。
");
    loop
    {
        let mut input = String::new();
        io::stdin().read_line(&mut input).expect("標準入力からの入力エラー");
        stream.write(input.as_bytes()).expect("サーバーに送れません。");

        let mut reader = BufReader::new(&stream);
        reader.read_until(b'¥n',&mut buffer).expect("サーバーから受け取れません。
");
        print!("{}",str::from_utf8(&buffer).expect("テキストを表示できません。"));
    }
}
```

◆ じゃんけんサーバー

これまでに説明したことを使って、じゃんけんをするサーバーを作ってみましょう。

このサーバーは、クライアントが「グー」、「チョキ」、「パー」のいずれかの手のうちたとえば「グー」と入力します。サーバーは「グー」、「チョキ」、「パー」のいずれかをランダムに選んで、クライアントから送られてきた手と比べます。そして勝ち負け、あるいは引き分け（おあいこ）であるか判断してその結果をクライアントに返します。

クライアントで実行した例を次に示します。

```
C:¥Rust¥ch09>client
グー
私はチョキ:あなたの勝ち
パー
私はグー:あなたの勝ち
チョキ
私はグー:あなたの負け
チョキ
私はグー:あなたの負け
チョキ
私はチョキ:おあいこ
^C
C:¥Rust¥ch09>
```

クライアントはすでに説明した client をそのまま使うことができます。

サーバーのプログラムの基本的な構造も server と同じです。異なる点は、まず、handle_data() の中でサーバーの手をランダムに決めるために 0 ～ 2 の範囲の整数の乱数を生成することです。

```
// グー(0)チョキ(1)パー(2)をランダムに生成する
let mut rng = thread_rng();
let x: u16 = rng.gen_range(0, 3);
match x {
    0 => cpmsg.insert_str(0,"私はグー"),
    1 => cpmsg.insert_str(0,"私はチョキ"),
    2 => cpmsg.insert_str(0,"私はパー"),
    _ => cpmsg.insert_str(0,""),
}
```

　そして、クライアントから受け取ったデータとサーバーで生成した手を比較して結果
のメッセージを作ります。

```
let byte_read = stream.read(&mut buf)?;
if byte_read == 0 {return Ok(());}
let client_msg = String::from_utf8(buf.to_vec()).unwrap();
msg.insert_str(0, &cpmsg);
if client_msg.starts_with("グー") {
    userte=true;
    match x {
        0 => msg.push_str(":おあいこ¥n"),
        1 => msg.push_str(":あなたの勝ち¥n"),
        2 => msg.push_str(":あなたの負け¥n"),
        _ => (),
    }
}
```

　userte というブール型のフラグを作っておいて、クライアントが入力したデータが
「グー」、「チョキ」、「パー」のいずれでもない場合はこのフラグを false にして、クラ
イアントから送られてきたデータをそのまま返します。

```
if userte {
    let bytes = msg.as_bytes();
    let len = bytes.len();
    stream.write(&bytes[..len])?;
} else {
    stream.write(&buf[..byte_read])?;
}
```

　プログラム全体は次のようになります。

main.rs

```
// ch09/janken/src/main.rs
use std::net::{TcpListener,TcpStream};
use std::thread;
use std::io::{Read,Write,Error};
use rand::{thread_rng, Rng};
```

```rust
fn handle_data(mut stream: TcpStream) -> Result<(), Error>
{
    println!("Connection from: {}",stream.peer_addr()?);
    let mut buf = [0; 512];
    loop {
        let mut userte = false;
        let mut cpmsg = String::new();
        let mut msg = String::from("");
        let byte_read = stream.read(&mut buf)?;
        if byte_read == 0 {return Ok(());}
        // グー(0)チョキ(1)パー(2)をランダムに生成する
        let mut rng = thread_rng();
        let x: u16 = rng.gen_range(0, 3);
        match x {
            0 => cpmsg.insert_str(0,"私はグー"),
            1 => cpmsg.insert_str(0,"私はチョキ"),
            2 => cpmsg.insert_str(0,"私はパー"),
            _ => cpmsg.insert_str(0,""),
        }
        let client_msg = String::from_utf8(buf.to_vec()).unwrap();
        msg.insert_str(0, &cpmsg);
        if client_msg.starts_with("グー") {
            userte=true;
            match x {
                0 => msg.push_str(":おあいこ¥n"),
                1 => msg.push_str(":あなたの勝ち¥n"),
                2 => msg.push_str(":あなたの負け¥n"),
                _ => (),
            }
        } else if client_msg.starts_with("チョキ") {
            userte=true;
            match x {
                0 => msg.push_str(":あなたの負け¥n"),
                1 => msg.push_str(":おあいこ¥n"),
                2 => msg.push_str(":あなたの勝ち¥n"),
                _ => (),
            }
        } else if client_msg.starts_with("パー") {
            userte=true;
            match x {
                0 => msg.push_str(":あなたの勝ち¥n"),
```

```
                    1 => msg.push_str(":あなたの負け¥n"),
                    2 => msg.push_str(":おあいこ¥n"),
                    _ => (),
                }
            }
            if userte {
                let bytes = msg.as_bytes();
                let len = bytes.len();
                stream.write(&bytes[..len])?;
            } else {
                stream.write(&buf[..byte_read])?;
            }
            stream.flush()?;
        }
    }

fn main()
{
    let coninfo = "localhost:8000";
    let listener = TcpListener::bind(coninfo).expect("バインドできません。");
    for stream in listener.incoming()
    {
        match stream
        {
            Err(e) => {eprintln!("failed: {}",e)}
            Ok(stream) =>
            {
                thread::spawn(move ||{
                    handle_data(stream).
                        unwrap_or_else(|error| eprintln!("{:?}",error));
                });
            }
        }
    }
}
```

サーバーの `Cargo.toml` に依存関係を次のように追加するのを忘れないでください。

```
[dependencies]
rand = "0.7"
```

Note　このJankenプログラムは実用を目的としたものではなく、エラー対策が不十分です。この例では、専用のクライアントの作成を省略し、コードをより理解しやすくするためにクライアントからサーバーに「グー」、「チョキ」、「パー」という文字列を送るようにしていますが、「グー」、「チョキ」、「パー」の代わりに0、1、2という数値を送るようにした専用のじゃんけんクライアントを作成するほうがより良いといえます。

■ 練習問題 ■

9.1　TCP クライアントを、「quit」という文字列が入力された場合にプログラムを終了するようにしてください。

9.2　TCP サーバーでクライアントから「byebye」が送られてきたらサーバーが停止するようにしてください。

9.3　TCP サーバ / クライアントで、具体的なアドレスを指定してネットワークで接続された他のマシンからサーバーに接続できるようにしてください。

第10章

さまざまな話題

この章では、これまでの章で取り上げなかったやや高度なことを含むさまざまな話題を取り上げます。なお、この章で紹介することには、現在開発途上の事項が含まれます。

10.1 パニックとアサート

ここでは、パニックとアサートについて説明します。

◆ パニック

そのままではプログラムの実行が継続できないような重大な問題を**パニック**といいます。パニックは他のプログラミング言語の例外処理（try 〜）に似ています。

パニックが発生すると、メッセージが出力されてスレッドが停止します。パニックが発生したスレッドがメインスレッドならプロセスが終了してプログラムが停止します。

パニックが発生したらプログラムを必ず異常終了させたい場合は、Cargo.toml ファイルの [profile] セクションに「panic = 'abort'」を追加します。たとえば、リリースビルドしたプログラムを異常終了するようにしたい場合は Cargo.toml ファイルに以下の行を追加します。

```
[profile.release]
panic = 'abort'
```

プログラムの途中でパニックを発生させたい場合はマクロ panic!() を使います。

```
panic!("ここでパニくりました！");
```

これが実行されると次のようなメッセージが出力されてそのスレッドの実行が停止します（メインスレッドであるならプログラムが停止します）。

```
thread 'main' panicked at 'ここでパニくりました！', src/main.rs:6:5
```

たとえば、ファイルを開けない状況に対処するために、次のようなコードを記述することができます。

```
let f = File::open("sample.txt");
let f = match f {
    Ok(file) => file,
    Err(error) => {
        panic!("ファイルを開けません: {:?}", error)
    },
};
```

しかし、いちいちこのエラー処理を書かなくても unwrap() を実行するようにしておけば、パニックを発生させてエラーメッセージが出力されるようになります。

```
let f = File::open("sample.txt").unwrap();
```

さらに、expect() を使えばパニックを発生させて特定のメッセージを出力することができます。

```
let f = File::open("sample.txt").expect("sample.txtを開けません。");
```

エラーを呼び出し側に返すこともできます。たとえば、次のようにします。

```
let f = File::open("sample.txt");

let mut f = match f {
    Ok(file) => file,
    Err(e) => return Err(e),
};
```

これも、いちいちこのようなコードを記述しなくても、実行するコードの最後に「?」を付けることで同等のことを行うことができます。

```
let mut f = File::open("sample.txt")?;
```

これを**エラーの委譲**といいます。

◆ アサート

アサートはプログラムの途中で値が妥当であるかどうか調べて、主にデバッグに役立たせる目的で使います。

アサートのマクロ assert_eq!() は、2 つの引数の値（left と right）を比較して、一致した場合は何も行わず、一致しない場合はパニックメッセージを出力してプログラムを停止します。

```
assert_eq!(left, right);
```

これは次のコードとほぼ同じように動作します。

```
if left != right {
    panic!("ここでパニくりました！");
}
```

たとえば、次のコードを実行すると、プログラムは正常に実行されて「f=3.0」と出力されます。

```
let f = 3.7_f64;

assert_eq!(f.floor(), 3.0);      // 3.7を切り捨てた値は3.0
println!("f={}", f);             // 「f=3.0」と出力される
```

しかし、f の値を変更して次のようにして実行したとします。

```
let f = 4.7_f64;

assert_eq!(f.floor(), 3.0);      // 4.7を切り捨てた値は4.0（パニくる）
println!("f={}", f);             // これは実行されない。
```

すると、パニックが発生して次のようなメッセージが出力されます。

```
thread 'main' panicked at 'assertion failed: `(left == right)`
  left: `4.0`,
 right: `3.0`', src/main.rs:7:5
note: run with `RUST_BACKTRACE=1` environment variable to display a backtrace
```

10.2　メモリ管理

　Rust では、メモリは原則としてランタイムが管理するので、プログラマはメモリについて考える必要はあまりありません。

◆ Rust のメモリ管理

　通常、Rust で変数を宣言して使うときには、**スタック**という領域に自動的に値が積まれて（push されて）、必要に応じて取り除かれます（pop されます）。いいかえると、メモリは Rust のランタイムが管理し自動的に使われています。

　あえてメモリを自分で確保したい場合は、次に説明する Box を使って**ヒープ**という領域にメモリを確保します。ヒープに確保したメモリも、その変数を宣言した関数からリターンしたり、スコープから外れたりするなどして変数が使われなくなると自動的に解放されます。

　本書で対象とする Rust を学び始めたばかりの読者は、メモリ管理について意識する必要はほとんどありませんが、Box の使い方と、C 言語の関数を使うようなメモリの使い方で安全でない可能性がある場合には unsafe コンテキストで使うこと（☞ 10.4 節「C 言語の関数呼び出し」）を知っておくと良いでしょう。

◆ Box

　std::boxed::Box を使うことでヒープにメモリを確保することができます。
　次の例は Point 構造体の値を保存するメモリをヒープに確保するようにします。

```
struct Point {
    x: i32,
    y: i32,
}

fn main() {
    let p: Box<Point> = Box::new(Point {x: 23, y:45});
}
```

実行できるプログラムは次のようになります。

boxsample.rs

```
// boxsample.rs
struct Point {
    x: i32,
    y: i32,
}

impl Clone for Point {
    fn clone(&self) -> Self {
        Point {
            x: self.x.clone(),
            y: self.y.clone(),
        }
    }
}

fn main() {
    let p1 = Point {x: 12, y:25};
    let p2: Box<Point> = Box::new(Point {x: 23, y:45});
    // 関数を呼び出す
    println!("{:?}", type_of(p1.clone()));
    println!("{:?}", type_of(p2.clone()));
    // 値を出力する
    println!("({},{})", p1.x, p1.y);
    println!("({},{})", p2.x, p2.y);
}
```

```
fn type_of<T>(_: T) -> &'static str {
    std::any::type_name::<T>()
}
```

このプログラムを実行すると、次のように出力されます。

```
C:¥Rust¥ch10>boxsample.exe
"boxsample::Point"
"alloc::boxed::Box<boxsample::Point>"
(12,25)
(23,45)
```

次に示すのは、u8 型の要素数が 10 個の 0 で初期化した配列を作成して値を保存する
プログラムの例です。

```
fn main() {
    let mut buffer: Box<[u8]> = Box::new([0;10]);
    println!("{:?}", buffer);

    for i in 0..10 {
        buffer[i] = (10 - i) as u8;
    }
    for i in 0..10 {
        println!("{}:{:?}", i, buffer[i]);
    }
}
```

このプログラムを実行した結果を次に示します。

```
[0, 0, 0, 0, 0, 0, 0, 0, 0, 0]
0:10
1:9
2:8
3:7
4:6
5:5
```

```
6:4
7:3
8:2
9:1
```

◆ 値のサイズ ◆

　値がメモリ上で占めるサイズを調べたいときには、std::mem::size_of_val() で調べることができます。

　構造体と配列のサイズを調べるプログラムの例を次に示します。

```
use std::mem;

struct Point {
    x: i32,
    y: i32,
}

fn main() {
    let p = Point {x: 12, y:25};
    let a = [1,2,3,4,5,6,7,8,9];

    println!("pのサイズ={}", mem::size_of_val(&p));
    println!("aのサイズ={}", mem::size_of_val(&a));
}
```

　このプログラムを実行すると、次のように出力されます。

```
pのサイズ=8
aのサイズ=36
```

　p は 4 バイトの変数 2 個からなるので 8 バイト、a は 4 バイトの値 9 個を持っているので 36 バイトになっています。

10.3　GUI プログラミング

ここでは GUI アプリのプログラミングの基礎について概説します。

◆ GUI アプリの構造

コンソールウィンドウで数値を含むさまざまな文字列をキーボードから入力したり画面に出力したりするプログラムを **CUI**（Character-based User Interface）アプリといいます。

それに対して、ウィンドウを使うアプリを **GUI**（Graphical User Interface）アプリといいます。

GUI アプリは CUI のプログラムとは少し異なる考え方で作成します。その中心となるのが、アプリのイベントメッセージを処理するメインループです。

GUI アプリは、ウィンドウを作成する準備ができてウィンドウが表示されると、ウィンドウに送られるイベントメッセージを待ち続けます。**イベント**とは、マウスのクリックであったり、ユーザーから入力であったり、あるいは他のプログラムからの要求であったりしますが、いずれにしてもアプリのイベントメッセージを処理するメインループがイベントを待ち続けます。

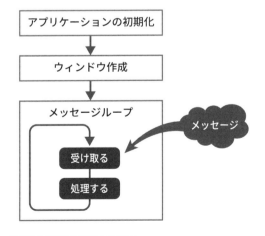

図10.1 ● GUIアプリの構造

従って、アプリを終了するためのメッセージが送られない限り、プログラムが終了することもありません（CUI アプリは、無限ループがない限り、プログラムの最後のコードが実行されると終了します）。

CUI アプリと GUI アプリはこのように動作が異なりますが、プログラムを作成する立場からいえば、アプリがメッセージを受け取って、それに対応した動作をするようにコードを記述することで、GUI アプリを作成できます。

このような、イベントの発生を待ってそれを処理するという考え方でプログラミングすることを、**イベント駆動型プログラミング**ともいいます。この考え方は、Rust のどのような GUI ベースのプログラミングでも使われています。

◆ Rust の GUI プログラミング

Rust で GUI プログラミングを実現するためのライブラリ（クレート）にはさまざまな種類があります。本書執筆段階では、そのいずれもが開発と改善が進められていて、Rust の GUI プログラミングに必ず使うというような決定的なものはありません。いずれも開発途上であり、これからも拡張・改良されていきます。そのため、将来、本章の記述内容とは異なる部分ができる可能性があります。

主なクレートの種類と参照先を次の表に示します。

表10.1●GUIプログラミングの主なクレート

種類	参照URL
azul	https://crates.io/crates/azul、https://azul.rs/
conrod	https://crates.io/crates/conrod、https://lib.rs/crates/conrod
GTK	https://crates.io/crates/gtk、https://lib.rs/crates/gtk
iced	https://crates.io/crates/iced、https://lib.rs/crates/iced
orbtk	https://crates.io/crates/ orbtk、https://lib.rs/crates/orbtk

Note　本書執筆時点ではいずれもバージョン 1.0 未満の開発途上のものですが、参照先からサンプルプログラムを入手して試してみることができます。

10.4　C言語の関数呼び出し

　C言語は歴史のあるプログラミング言語で、多くのプログラミング資産が蓄積されています。RustからC言語のライブラリの関数を呼び出すことでそれらの資産を活用することができます。

◆Cライブラリの作成

　ここでは引数の値を2倍にして返す twice() というC言語の関数をRustのプログラムから利用する例を示します。

　C言語のソースファイルは次の通りです。

mylib.c

```c
// mylib.c

int twice(int n) {
    return n * 2;
}
```

　WindowsでVisual Studioを使う場合は、vcvars64.bat（または環境によっては vcvars32.bat）を実行して必要な環境変数を設定したのちに cl でコンパイルして lib でライブラリに変換します。

```
C:\Rust\ch10\clib>cl /c mylib.c
Microsoft(R) C/C++ Optimizing Compiler Version 19.27.29112 for x64
Copyright (C) Microsoft Corporation.  All rights reserved.

mylib.c

C:\Rust\ch10\clib>lib /out:mylib.lib mylib.obj
Microsoft (R) Library Manager Version 14.27.29112.0
Copyright (C) Microsoft Corporation.  All rights reserved.
```

これで、静的リンクライブラリ mylib.lib が生成されます。

生成されたライブラリファイルは Rust のプログラムをビルドするときに検索できる適切な場所（Windows の場合は、たとえば ch10¥ctest¥target¥debug¥deps）に保存します。

Linux では、次のようにコンパイルしてライブラリファイルにすることができます。

```
$ cc -c -o mylib.o mylib.c
$ ar r mylib.a mylib.o
```

◆ Rust のプログラム ◆

まず、Rust のプロジェクトを作成します。

```
C:¥Rust¥ch10>cargo new ctest --bin
     Created binary (application) `ctest` package
```

そして main.rs の中で作成したライブラリの関数を呼び出すようにします。

main.rs の中は、最初に引数の型を使うことを宣言する use 文を記述します。

```
use std::os::raw::c_int;
```

また、リンクするライブラリの名前と、それを静的（static）にリンクすることを指定します。

```
#[link(name="mylib", kind="static")]
```

関数のプロトタイプ宣言には外部関数であることを示す extern "C" を付けて、Rust の形式で宣言します。

```
extern "C" {
    fn twice(n: c_int) -> c_int;
}
```

　この場合、C言語の関数twice()の引数も戻り値もintなので、std::os::raw::c_intを使っています。std::os::rawモジュールには、C言語との互換性のために、次の表に示す型が定義されています。

表10.2●C言語との互換性のための型

型	意味
c_char	C言語のchar型に等しい
c_double	C言語のdouble型に等しい
c_float	C言語のfloat型に等しい
c_int	C言語のsigned int (int)型に等しい
c_long	C言語のsigned long (long)型に等しい
c_longlong	C言語のsigned long long (long long)型に等しい
c_schar	C言語のsigned char型に等しい
c_short	C言語のsigned short (short)型に等しい
c_uchar	C言語のunsigned char型に等しい
c_uint	C言語のunsigned int型に等しい
c_ulong	C言語のunsigned long型に等しい
c_ulonglong	C言語のunsigned long long型に等しい
c_ushort	C言語のunsigned short型に等しい

Note　C言語では、組み込みデータ型のサイズが決まっておらず、環境に依存します。たとえば、intが8ビット、16ビット、32ビット、64ビットなどのどれかである可能性があります。そのため、外部の環境でコンパイルしたオブジェクトファイル（.oや.obj）やライブラリファイル（.aや.lib）をそのまま使うと互換性がない可能性があるので、可能な限りC言語もソースファイルをRustのプログラムと同じ環境でコンパイルすると良いでしょう。このことは、整数だけでなく実数にも当てはまります。

そして、プログラムの中で C 言語の関数を呼び出します。

```
fn main() {
    let n = 12;
    unsafe {
        println!("{}の2倍は{}", n, twice(n));
    }
}
```

C 言語の関数を呼び出す Rust のプログラムは全体で次のようになります。

main.c

```
// ch10¥ctest¥src¥main.c
use std::os::raw::c_int;

#[link(name="mylib", kind="static")]
extern "C" {
    fn twice(n: c_int) -> c_int;
}

fn main() {
    let n = 12;
    unsafe {
        println!("{}の2倍は{}", n, twice(n));
    }
}
```

これを cargo build でビルドしたり、cargo run で実行します。

たとえば Windows では、cargo run で次のように実行することができます。

```
C:¥Rust¥ch10¥ctest>cargo run
    Finished dev [unoptimized + debuginfo] target(s) in 0.07s
     Running `target¥debug¥ctest.exe`
12の2倍は24
```

あるいは Linux など Unix 系 OS で次のような Cargo.toml を作成します。

Cargo.toml

```
[package]
name = "ctest"
version = "0.9.8"
authors = ["notes"]
edition = "2018"

# See more keys and their definitions at https://doc.rust-lang.org/cargo/
reference/manifest.html

[dependencies]


[build-dependencies]
cc = "1.0"
```

そしてさらに、次のような build.rs を作成してビルドします。

build.rs

```
// build.rs
fn main() {
    cc::Build::new().file("src/mylib.c").compile("mylib");
}
```

上の例は mylib.c がプロジェクトの src フォルダにあるという前提です。

10.5　実行速度

ここでは、Rust プログラムの実行速度について取り上げます。

◆ 時間計測

Rust では std::time::Instant を使って経過時間を計測することができます。

たとえば、次のように開始時刻を start に、経過時間を elepse に保存して、処理にかかった時間（Duration）を計測することができます。

```
// 開始時刻を保存する
let start = Instant::now();

     (なにかする)

// 開始時刻からの経過時間を保存する
let elepse = start.elapsed();

// 経過時間を出力する
println!("{}ミリ秒", elepse.as_millis());
```

なお、実行にかかる時間を厳密に測定するためには、最適化してコンパイル（rustc -O)するか、リリースモードでビルド(cargo build --release)する必要があります。

Note　デバッグモードで（rustc source.rs や cargo build で）ビルドするとデバッグのためのコードがたくさん埋め込まれるので、実行時間の計測には不適切です。

◆ データ型による差

同じ操作を異なる型で行ってみると違いがわかる場合があります。

次に示すのは、単純な加算と減算を i16 と i64 で行ってその結果を比べるプログラム

の例です。

```
i16vsi64.rs

// i16vsi64.rs
use std::time::Instant;

fn main() {
    i16func();
    i64func();
}

fn i16func() {
    let mut v:i16 = 0;
    let start = Instant::now();
    for _ in 0..1000 {
        for _ in 0..10000 {
            v = v + 1;
        }
        v = v - 10000;
    }
    let elepse = start.elapsed();
    println!("i16={:?}", v);
    println!("{}ミリ秒", elepse.as_millis());
}

fn i64func() {
    let mut v:i64 = 0;
    let start = Instant::now();
    for _ in 0..1000 {
        for _ in 0..10000 {
            v = v + 1;
        }
        v = v - 10000;
    }
    let elepse = start.elapsed();
    println!("i64={:?}", v);
    println!("{}ミリ秒", elepse.as_millis());
}
```

　64 ビット環境でこのプログラムを最適化を指定してビルド（rustc -O i16vsi64.
rs）します。そして数回実行した結果を見ると、データ型によって速さはほとんど変わらないことがわかります（32 ビット環境では明確な差がある可能性があります）。

　上のプログラムと同様のことを f32 と f64 で行って、その結果を比べるプログラムの
例を次に示します。

f32vsf64.rs

```
// f32vsf64.rs
use std::time::Instant;

fn main() {
    f32func();
    f64func();
}

fn f32func() {
    const NDATA:usize = 10000;
    let mut a:[f32; NDATA] = [0.0; NDATA];
    for i in 0..NDATA {
        a[i] = (NDATA - i) as f32;
    }
    println!("並べ替えスタート");
    let start = Instant::now();
    for i in 0..NDATA {
        for j in 0..NDATA {
            if a[i] < a[j] {
                let tmp = a[i];
                a[i] = a[j];
                a[j] = tmp;
            }
        }
    }
    let elepse = start.elapsed();
    println!("並べ替え終了");
    println!("{}ミリ秒", elepse.as_millis());
}

fn f64func() {
```

```rust
const NDATA:usize = 10000;
let mut a:[f64; NDATA] = [0.0; NDATA];
for i in 0..NDATA {
    a[i] = (NDATA - i) as f64;
}
println!("並べ替えスタート");
let start = Instant::now();
for i in 0..NDATA {
    for j in 0..NDATA {
        if a[i] < a[j] {
            let tmp = a[i];
            a[i] = a[j];
            a[j] = tmp;
        }
    }
}
let elepse = start.elapsed();
println!("並べ替え終了");
println!("{}ミリ秒", elepse.as_millis());
}
```

　実行結果はもちろん環境によって異なりますが、64ビットマシンでやる限り、実行時間に明確な差は出ませんでした。64ビット環境で実行するという前提であれば、早さのために f32 を選択する理由はなさそうです。ただし、さらに複雑な演算を多数行う場合には状況が変わる可能性があります。

◆ プログラミング言語による違い

　同じことをするプログラムを Rust と Java で比べてみます。

　ここでは、30000個の実数値を生成して配列に保存し、並べ替える（ソートする）プログラムを作成して比較してみます。ソートのアルゴリズムは、あえて時間がかかるアルゴリズムを使っています。

　Rust でソートするプログラムは次のようにします。

```
rustsort.rs
```

```rust
// ch10¥rustsort¥src¥rustsort.rs
use std::time::Instant;
use rand::Rng;

fn main() {
    const NDATA: usize = 30000;
    let mut r = rand::thread_rng();
    let mut data = [0.0; NDATA];
    for i in 0..NDATA {
        data[i] = r.gen_range(1, 1001) as f64 /100.0;
    }
    //println!("{:?}", data);

    println!("並べ替えスタート");
    let start = Instant::now();
    for i in 0..NDATA {
        for j in 0..NDATA {
            if data[i] < data[j] {
                let tmp = data[i];
                data[i] = data[j];
                data[j] = tmp;
            }
        }
    }
    let elepse = start.elapsed();
    println!("並べ替え終了");
    //println!("{:?}", data);
    println!("{}ミリ秒", elepse.as_millis());
}
```

このプロジェクトをリリースモードでビルドします。

```
C:¥Rust¥ch10¥rustsort>cargo build --release
```

この Rust のプログラムを実行した例を次に示します。

```
C:\Rust\ch10\rustsort\target\release>rustsort.exe
並べ替えスタート
並べ替え終了
556ミリ秒
```

Java でソートするプログラムは次のようにします。

javasort.java

```java
/*
 * javasort.java
 */
import java.util.*;

public class javasort {

    public javasort() {
        final int NDATA = 30000;
        Random rnd = new Random();
        double data[] = new double[NDATA];
        int i, j;
        for (i = 0 ; i< NDATA; i++)
            data[i] = rnd.nextDouble();

        System.out.println("並べ替えスタート");
        Calendar start = new GregorianCalendar();
        for (i = 0 ;i < NDATA; i++)
        {
            for (j = 0; j < NDATA; j++)
            {
                if (data[i] < data[j])
                {
                    double tmp = data[i];
                    data[i] = data[j];
                    data[j] = tmp;
                }
            }
        }
        Calendar endt = new GregorianCalendar();
```

```
        System.out.println("並べ替え終了");
        long t = endt.getTimeInMillis() - start.getTimeInMillis();
        System.out.printf("経過時間（ミリ秒）=%d¥n", t);

    }

    public static void main(String[] args) {
        new javasort();
    }
}
```

Java のプログラムをコンパイルします。

```
C:¥Rust¥ch10¥javasort>javac -encoding UTF-8 javasort.java
```

同じ実行環境で Java のプログラムを実行した例を次に示します。

```
C:¥Rust¥ch10¥javasort>javac -encoding UTF-8 javasort.java

C:¥Rust¥ch10¥javasort>java javasort
並べ替えスタート
並べ替え終了
経過時間（ミリ秒）=1441
```

1 つの例にすぎませんが、同じマシンで実行した結果、Rust では 556 ミリ秒、Java で
は 1441 かかるという結果となり、Java より Rust のほうが約 3 倍速いことがわかります。

■ 練習問題 ■

10.1 整数を整数で割った結果を出力し、割る数がゼロのときにはパニックにするプログラムを作成してください。

10.2 日本語文字列「こんにちわん」のメモリ上での長さを調べて表示するプログラムを作ってください。

10.3 ベクターと配列にそれぞれ多数の要素を保存するようにして、データを作成して並べ替えるためにかかる時間を比較するプログラムを作ってください。

10

付 録

Rust の使い方

ここでは、Rust のインストールやアップデートの方法、Rust の主なツールなどについて説明します。

A.1 Rust のインストールとアップデート

Rust のウェブサイト（https://www.rust-lang.org/ja/）を開き、「インストール」を選択して、その環境に適した方法で Rust をインストールします。通常は Rust のウェブサイトを開いた環境に応じて適切な指示が表示されます。

インストールの方法は環境によって異なりますが、可能な限り rustup でインストールしたりアップデートする方法を推奨します。rustup を使うと、rustup update を実行することでアップデートすることができます。

インストールできたかどうかは次のコマンドで Rust のコンパイラのバージョンを表示することで確認できます。

```
rustc -V
```

Rust をインストールしたにも関わらず rustc がないというメッセージが表示された場合は、Rust のコマンドをインストールした場所が環境変数 PATH に含まれているかどうか調べてください。

Rust は、stable（安定版）、beta（ベータ版）、nightly（開発版）の 3 種類が配布されています。その他のインストール方法 (other-installation-methods.html) を選べば、beta や nightly をインストールすることも可能ですが、特別な理由がない限り stable をインストールして使ってください。

A.2　Rust の主なツール

　Rust の主なツール（ツールチェーン）には、ここで概説するようなものがあります（詳細はオンラインヘルプを参照してください）。

　なお、Rust の主なツールはデフォルトで次のディレクトリにインストールされます。

```
~/.cargo/bin
```

　Windows ではデフォルトで次のディレクトリにインストールされます。

```
C:¥Users¥username¥.cargo¥bin
```

rustc

　Rust のソースプログラムをコンパイルするコンパイラです。

　プロジェクト（クレート）をビルドするときには cargo build を実行します。

rustup ●●●

Rust を更新したり、アクティブな Rust（stable、beta、nightly）を変更したり設定したり、ドキュメントを表示します。rustup にはたとえば次のようなサブコマンドがあります。

表A.1●rustupの主なサブコマンド

書式	機能
rustup doc	Rustのドキュメントを表示する。
rustup update	Rustを最新版に更新する。
rustup show	インストールされていて現在アクティブなRustの情報を表示する
rustup check	Rustの更新をチェックする
rustup default	ラストのデフォルトを設定する（stable、beta、nightly）
rustup target	ツールがサポートするターゲットを変更する
rustup run	環境設定を実行する

cargo ●●

Cargo は、Rust のプログラムをビルドしたりパッケージを管理したりするツールです。

Cargo は「cargo」に続けてサブコマンドを指定して実行します。Cargo にはたとえば次のようなサブコマンドがあります。

表A.2●cargoのサブコマンドの書式例

書式	機能
cargo new [プロジェクト名] --bin	実行可能ファイル用のプロジェクトを作成
cargo new [プロジェクト名] --lib	ライブラリ用のプロジェクトを作成
cargo build	デバッグバージョンをビルドする。
cargo build --release	最適化されたリリースバージョンをビルドする。
cargo run	ビルドして実行する。
cargo clean	target以下を削除する。
cargo test	プロジェクトをテストする
cargo doc	プロジェクトのドキュメントを生成する
cargo publish	ライブラリをcrates.ioに公開する

rustdoc

Rust のソースファイルからドキュメントを生成します。

rustfmt

Rust のソースファイルを適切なフォーマットにします。

rustup

Rust をインストールしたりアップデートします。

トラブル対策

ここでは主なトラブルとその対処方法を説明します。

β.1 ビルド時のトラブル

ビルド（コンパイル）時のトラブルと対策を示します。

rustc がないと報告される

- Rust がインストールされていません。インストールしてください。
- Rust がインストールされているものの、rustc があるディレクトリへのパスが設定されていません。環境変数 Path に rustc があるディレクトリへのパスを追加してください。

デフォルトでインストールした Windows の場合は、環境変数 PATH に「C:\Users\ *username*\.cargo/bin」を追加します。

Linux など Unix 系 OS の場合は、.bashrc や .bash_profile のような設定ファイルのいずれかに次の行を追加します。

```
export PATH=$PATH:~/.cargo/bin
```

あるいはターミナル（コンソール）でコマンド「export PATH="$PATH:~/.cargo/bin"」を実行します。

cc がないと報告される

- Linux など Unix 系 OS の環境では gcc などの cc を含む開発ツールをインストールする必要があります。インストールしてください。

cl がないと報告される

- Windows では Visual Studio または Visual Studio C++ Build tools をインストールする必要があります。インストールしてください。

コンパイルエラーが表示された

　コンパイル時のエラーとその対処については「Rust Compiler Error Index」（https://doc.rust-lang.org/error-index.html）で調べることができます。

　なお、Rust は C/C++ と同様に 1 行コメント以外は原則としてソースコードの行の概念がないので、実際に問題があるコード行の次の行でエラーが報告される場合があります。また、{ ～ } や (～)、" ～ " が対応していない場合などのときにコンパイラが構文を誤って解釈してしまうことがあり、そのようなときにはエラーメッセージが誤りの場所を正確に指摘しているとは限りません。

　また、日本語環境独特のありがちな問題として、いわゆる半角文字ではなく間違えて全角空白を使ってしまうということがあります。スペース、コロン（:）やセミコロン（;）その他の記号などでいわゆる全角文字を使っていないか確認してください。

β.2 実行時のトラブル

ここでは、プログラム実行時の問題とその対処について説明します。

ファイルに書き込めない

- ディレクトリ（フォルダ）または既存のファイルの属性が書き込み禁止になっていないか調べてください。
- 必要なサブフォルダが存在しているかどうか調べてください。

ファイルを読み込めない

- 読み込むファイルが適切な場所に存在しているかどうか調べてください。
- ファイルの属性を調べて読み込みが可能かどうか確認してください。

他のマシンで実行できない

- あるマシンでビルドした実行可能ファイルを他のマシンにコピーして実行しようとしたときに、動的にリンクされるライブラリが存在しなかったりバージョンが一致しないなどの理由で実行できないことがあります。プログラムを実行するマシンでビルドするか、あるいは、関連するライブラリをすべて静的にリンクしてください。
- Windows の実行可能ファイル（exe）は Linux など Unix 系のマシンでは実行できません。逆もまた同じです。クロス開発したい場合はターゲットを指定してビルドしてください。

練習問題の解答例

ここでは練習問題の解答例を示します。プログラムを作る課題では、要求されたことを実現するための方法が1つではなく、異なる書き方であっても要求されたことが実現されていれば正解です。

練習問題 1.1

省略

練習問題 1.2

省略

練習問題 1.3

```
// a1_3.rs
fn main() {
    println!("私の氏名は椀子犬太です。");
}
```

練習問題 2.1

```
// a2_1.rs
fn main() {
    let a = 2;
    let b = 5;

    println!("{}", a + b);
}
```

練習問題 2.2

```rust
// a2_2.rs
fn main() {
    println!("商={}", 78/7);
    println!("余り={}", 78%7);
}
```

練習問題 2.3

```rust
// a2_3.rs
fn main() {
    let a:f64 = 12.3;
    let b:f64 = 23.4;

    println!("a==b {}", a == b);
    println!("a>b {}", a > b);
    println!("a<b {}", a < b);
}
```

練習問題 3.1

```rust
// a3_1.rs
fn main() {
    // 名前の入力を促す
    println!("名前を入力してください。");

    // キーボードから入力する
    let mut line = String::new();
    std::io::stdin().read_line(&mut line).ok();
    let name = line.trim().to_string();

    // 出力する
    println!("{}さん、こんにちは", name);
}
```

練習問題 3.2

```
// a3_2.rs
use std::io;

fn main() {
    println!("最初の数を入力してください。");
    // キーボードから入力する
    let mut line = String::new();
    io::stdin().read_line(&mut line).ok();
    let v1:i32 = line.trim().parse().unwrap();

    println!("2番目の数を入力してください。");
    // キーボードから入力する
    line = String::new();
    io::stdin().read_line(&mut line).ok();
    let v2:i32 = line.trim().parse().unwrap();

    println!("{}+{}={}", v1, v2, v1+v2);
}
```

練習問題 3.3

```
// a3_3.rs
use std::env;

fn main() {
    let argv: Vec<String> = env::args().collect(); // コマンドライン引数
    let argc = argv.len();                          // 引数の数

    if argc < 3 {
        println!("引数を2個指定してください。");
        std::process::exit(1);
    }

    let v1:f32 =argv[1].parse().unwrap();
    let v2:f32 =argv[2].parse().unwrap();
    let x = v1 + v2;
```

```
        println!("{}+{}={}", argv[1], argv[2], x);
    }
```

練習問題 4.1

```
// a4_1.rs
use std::io;

fn main() {
    println!("整数を入力してください。");
    // 標準入力から一行を読み取り、整数にする
    let mut s = String::new();
    io::stdin().read_line(&mut s).ok();
    let x:i32 = s.trim().parse().ok().unwrap();

    if (x % 2)==0 {
        println!("{}は偶数です。", x);
    } else {
        println!("{}は奇数です。", x);
    }
}
```

練習問題 4.2

```
// a4_2.rs
use std::io;

fn main() {
    println!("整数を入力してください。");
    // 標準入力から一行を読み取り、整数にする
    let mut s = String::new();
    io::stdin().read_line(&mut s).ok();
    let x:i32 = s.trim().parse().ok().unwrap();

    if x < 0 {
        println!("{}は負の数です。", x);
    } else if x == 0 {
```

```
        println!("{}はゼロです。", x);
    } else if x < 10 {
        println!("{}は10未満の正の数です。", x);
    } else {
        println!("{}は10以上の正の数です。", x);
    }
}
```

練習問題 4.3

```
// a4_3.rs
use std::io;

fn main() {
    println!("整数を入力してください。");
    // 標準入力から一行を読み取り、整数にする
    let mut s = String::new();
    io::stdin().read_line(&mut s).ok();
    let x:i32 = s.trim().parse().ok().unwrap();

    let mut v = 1;
    let mut j = 1;
    while j<=x {
        v = v * j;
        j = j + 1;
    }
    println!("{}の階乗は{}", x, v);
}
```

練習問題 5.1

```
// a5_1.rs
fn main() {
    let mut names = vec!["Tommy", "ポチ"];

    names.push("犬山犬太");
    names.push("Jimmy");
```

```
        names.push("花山花子");

        let l = names.len();
        println!("namesのサイズ={}", l);

        for i in 0..l {
            println!("{}", names[i]);
        }
    }
```

練習問題 5.2

```
// a5_2.rs
use std::collections::HashMap;

fn main() {
    let mut boys = HashMap::new();

    boys.insert(String::from("POCHI"), "pochi@nantoka.cam");
    boys.insert(String::from("犬太"), "kenta@aryarya.gv");
    boys.insert(String::from("Tommy"), "tommy@nantoka.cam");

    for (key, value) in &boys {
        println!("{}¥t{}", key, value);
    }
}
```

練習問題 5.3

```
// a5_3.rs

// 座標の構造体
struct Coord {
    x: i32,
    y: i32,
    z: i32,
}
```

```
fn main() {
    let pos = Coord{
        x: 120,
        y: 64,
        z: 220,
    };

    println!("(x,y,z)=({},{},{})", pos.x, pos.y, pos.z);
}
```

練習問題 6.1

```
// a6_1.rs
use std::io;

fn main() {
    println!("整数を入力してください。");
    // 標準入力から一行を読み取り、整数にする
    let mut s = String::new();
    io::stdin().read_line(&mut s).ok();
    let v:i32 = s.trim().parse().ok().unwrap();
    let x = factorial(v);
    println!("factorial({})={}", v, x);
}

fn factorial(n: i32) -> i32 {
    let mut x = 1;
    for i in 1..=n {
        x = x * i
    }
    x
}
```

練習問題 6.2

```
// a6_2.rs
// Rect 構造体-2組の座標を保持
struct Rect {
    x1: i32,
    y1: i32,
    x2: i32,
    y2: i32,
}

// メソッド
impl Rect {
    // 面積を返すメソッド
    fn get_area(&self) -> i32{
        let mut w = self.x2 - self.x1;
        let mut h = self.y1 - self.y2;
        if w<0 {
            w = -w;
        }
        if h<0 {
            h = -h;
        }
        h * w
    }
}

fn main() {
    let r = Rect {x1:10, y1:10, x2:20, y2:15};
    println!("面積は{}", r.get_area());
}
```

練習問題 6.3

```
// a6_3.rs
macro_rules! abs {
    ($x:expr) => {
        if $x<0 {
```

```
              -1 * $x
          } else {
              $x
          }
      }
  }

  fn main() {
      let n = 8;
      println!("abs!({})={:?}", n, abs!(n));

      let m = -7;
      println!("abs!({})={:?}", m, abs!(m));
  }
```

練習問題 7.1

```
// a7_1.rs
use rand::Rng;

fn main() {
    let mut r = rand::thread_rng();
    for _i in 1..101 {
        let v = r.gen_range(1, 101);
        println!("{}", (v as f32) / 100.0);
    }
}
```

練習問題 7.2

```
/
/ a7_2.rs
use rand::Rng;

fn main() {
    let mut r = rand::thread_rng();
    for _i in 1..11 {
        let v = r.gen_range(1, 101);
```

```
            println!("{}", (v as f32) / 10.0 - 5.0);
        }
    }
```

練習問題 7.3

```rust
// a7_3.rs
fn main() {
    println!("文字列を入力してください。");
    // キーボードから入力する
    let mut line = String::new();
    std::io::stdin().read_line(&mut line).ok();
    let s = line.trim().to_string();
    println!("{}", s.repeat(3));
}
```

練習問題 8.1

```rust
// a8_1.rs
use std::thread;
use std::time::Duration;

fn main() {
    // 最初のスレッド
    let th1 = thread::spawn(|| {
        for _i in 1..21 {
            print!("+");
            thread::sleep(Duration::from_millis(100));
        }
    });
    // 第2のスレッド
    let th2 = thread::spawn(|| {
        for _i in 1..21 {
            print!("-");
            thread::sleep(Duration::from_millis(100));
        }
    });
```

```
    // スレッドの終了を待つ
    th1.join().unwrap();
    th2.join().unwrap();
}
```

練習問題 8.2

```rust
// a8_2.rs
use std::thread;
use std::time::Duration;
use std::sync::mpsc;

fn main() {
    let (tx1, rx1) = mpsc::channel();
    let (tx2, rx2) = mpsc::channel();

    let th1 = thread::spawn(move || {
        let mut count = 0;
        for _i in 1..11 {
            count = count + 1;
            thread::sleep(Duration::from_millis(100));
        }
        tx1.send(count).unwrap();
    });

    let th2 = thread::spawn(move || {
        let mut count = 0;
        for _i in 1..9 {
            count = count + 1;
            thread::sleep(Duration::from_millis(100));
        }
        tx2.send(count).unwrap();
    });

    // スレッドの終了を待つ
    th1.join().unwrap();
    th2.join().unwrap();
    let val1 = rx1.recv().unwrap();
    let val2 = rx2.recv().unwrap();
```

```
        println!("カウンタ={}", val1 + val2);
        println!("プログラム終了");
    }
```

練習問題 8.3

```
// a8_3.rs
use std::thread;
use std::time::Duration;
use std::sync::{Mutex, Arc};

fn main() {
    let counter = Arc::new(Mutex::new(0));

    // 最初のスレッド
    let counter1 = Arc::clone(&counter);
    let th1 = thread::spawn(move || {
        for _i in 1..21 {
            print!("+");
            {
                let mut num = counter1.lock().unwrap();
                *num += 1;
            }
            thread::sleep(Duration::from_millis(100));
        }
    });

    // 第2のスレッド
    let counter2 = Arc::clone(&counter);
    let th2 = thread::spawn(move || {
        for _i in 1..19 {
            print!("-");
            {
                let mut num = counter2.lock().unwrap();
                *num += 1;
            }
            thread::sleep(Duration::from_millis(100));
        }
    });
```

```
    // スレッドの終了を待つ
    th1.join().unwrap();
    th2.join().unwrap();
    println!("¥ncounter={:?}", counter);
}
```

練習問題 9.1

```
// a9_1.rs
use std::net::{TcpStream};
use std::str;
use std::io::{self,BufRead,BufReader,Write};

fn main()
{
    let coninfo = "localhost:8000";

    let mut stream = TcpStream::connect(coninfo).expect("サーバーに接続できません。
");
    loop
    {
        let mut input = String::new();
        let mut buffer: Vec<u8> = Vec::new();
        io::stdin().read_line(&mut input).expect("標準入力からの入力エラー");
        if input.trim().eq_ignore_ascii_case("quit") {
            break;
        }
        stream.write(input.as_bytes()).expect("サーバーに送れません。");

        let mut reader = BufReader::new(&stream);
        reader.read_until(b'¥n',&mut buffer).expect("サーバーから受け取れません。
");
        print!("{}",str::from_utf8(&buffer).expect("テキストを表示できません。"));
    }
}
```

練習問題 9.2

```rust
// a9_2.rs
use std::net::{TcpListener,TcpStream};
use std::thread;
use std::io::{Read,Write,Error};

fn send_recv(mut stream: TcpStream) -> Result<(), Error>
{
    println!("Connection from: {}",stream.peer_addr()?);
    let mut buf = [0; 12];
    loop {
        let byte_read = stream.read(&mut buf)?;
        if byte_read == 0 {return Ok(());}
        let msg = String::from_utf8(buf.to_vec()).unwrap();
        if msg.to_lowercase().starts_with("byebye") {
            println!("bye bye");
            std::process::exit(1); // 終了する（実用上は好ましくない）
        } else {
            // 小文字を大文字に変換
            for i in 0..byte_read {
                if buf[i] > 0x60 {
                    buf[i] = buf[i] - 0x20;
                }
            }
            stream.write(&buf[..byte_read])?;
        }
    }
}

fn main()
{
    let coninfo = "localhost:8000";
    let listener = TcpListener::bind(coninfo).expect("バインドできません。");
    for stream in listener.incoming()
    {
        match stream
        {
            Err(e) => {eprintln!("failed: {}",e)}
            Ok(stream) =>
```

```
            {
                thread::spawn(move ||{
                    send_recv(stream).
                        unwrap_or_else(|error| eprintln!("{:?}",error));
                });
            }
        }
    }
}
```

練習問題 9.3

　サーバー側の接続情報を "0.0.0.0:8000" に、クライアント側をサーバーのアドレス（たとえば "192.168.11.11:8000"）にします。

練習問題 10.1

```
// a10_1.rs
fn main() {
    println!("割られる整数を入力してください。");
    // 標準入力から一行を読み取り、整数にする
    let mut s = String::new();
    std::io::stdin().read_line(&mut s).ok();
    let n1:i32 = s.trim().parse().ok().unwrap();
    println!("割る整数を入力してください。");
    let mut s = String::new();
    std::io::stdin().read_line(&mut s).ok();
    let n2:i32 = s.trim().parse().ok().unwrap();

    if n2 == 0 {
        panic!("ゼロでは割れません。");
    }

    println!("{}/{}={}", n1, n2, n1/n2);
}
```

練習問題 10.2 ●●●

```rust
// a10_2.rs
use std::mem;

fn main() {
    let s = String::from("こんにちわん");

    println!("{}のサイズ={}", s, mem::size_of_val(&s));
}
```

練習問題 10.3 ●●●

```rust
// a10_3.rs
use std::time::Instant;

const NDATA:usize = 5000;

fn main() {
    vecfunc();
    arrayfunc();
}

fn vecfunc() {
    // データを作る
    let mut v = vec![];
    for i in 0..NDATA {
        v.push(NDATA-i);
    }
    // 並べ替える
    let start = Instant::now();
    for i in 0..NDATA {
        for j in 0..NDATA {
            if v[i] < v[j] {
                let tmp = v[i];
                v[i] = v[j];
                v[j] = tmp;
            }
```

```
        }
    }
    let elepse = start.elapsed();
    println!("vector:{}ミリ秒", elepse.as_millis());
}

fn arrayfunc() {
    // データを作る
    let mut a:[usize; NDATA] = [0; NDATA];
    for i in 0..NDATA {
        a[i] = NDATA-i;
    }
    // 並べ替える
    let start = Instant::now();
    for i in 0..NDATA {
        for j in 0..NDATA {
            if a[i] < a[j] {
                let tmp = a[i];
                a[i] = a[j];
                a[j] = tmp;
            }
        }
    }
    let elepse = start.elapsed();
    println!("array:{}ミリ秒", elepse.as_millis());
}
```

付録 D 参考リソース

- Rust 全般

  https://www.rust-lang.org/

  https://github.com/rust-lang/

- Rust 全般（日本語）

  https://www.rust-lang.org/ja/

- Rust のドキュメント

  https://doc.rust-lang.org/

- Rust の日本語ドキュメント

  https://doc.rust-jp.rs/

- Rust のクレート（crate）

  https://crates.io/crates

  https://lib.rs/crates

- RustPlayground

  https://play.rust-lang.org/

索 引

■ **著者プロフィール**

日向 俊二（ひゅうが・しゅんじ）
フリーのソフトウェアエンジニア・ライター。
前世紀の中ごろにこの世に出現し、FORTRAN や C、BASIC でプログラミングを始め、その後、主
にプログラミング言語とプログラミング分野での著作、翻訳、監修などを精力的に行う。わかりや
すい解説が好評で、現在までに、C#、C/C++、Java、Visual Basic、XML、アセンブラ、コンピュー
タサイエンス、暗号などに関する著書・訳書多数。

やさしい Rust 入門

2021 年 1 月 10 日　　初版第 1 刷発行

著　者　日向 俊二
発行人　石塚 勝敏
発　行　株式会社 カットシステム
　　　　〒 169-0073 東京都新宿区百人町 4-9-7　新宿ユーエストビル 8F
　　　　TEL（03）5348-3850　　FAX（03）5348-3851
　　　　URL　http://www.cutt.co.jp/
　　　　振替　00130-6-17174
印　刷　シナノ書籍印刷 株式会社

本書に関するご意見、ご質問は小社出版部宛まで文書か、sales@cutt.co.jp 宛に
e-mail でお送りください。電話によるお問い合わせはご遠慮ください。また、本書の内
容を超えるご質問にはお答えできませんので、あらかじめご了承ください。

Cover design Y.Yamaguchi　　© 2020 日向 俊二
Printed in Japan　ISBN978-4-87783-498-2